TESTIMONIOS

Lo que Padres, Educadores, Niños y Otros Autores dicen sobre Dana Arias y

QUERIDOS PADRES,

de la Amorosa Maestra de su Hijo:

"Pienso que es magnífico que usted enseñe a sus alumnos a ser asertivos y a entender que sus acciones tienen consecuencias. Pienso que es importante que los niños se percaten que todos tenemos el derecho de tomar las propias decisiones y que existen opciones. Esperamos que de esta forma los niños piensen dos veces sobre lo que deben decidir y no ceder ante la 'presión de los compañeros', ni ahora y posteriormente en su vida."

Sandra Herrera
Maestra y Madre

"En cada una de las cartas, usted honra a los niños y a los padres. Ofrece ejemplos concretos sobre la forma de comunicarse, sobre cómo desarrollar hábitos de estudio, sobre cómo escuchar, y realmente, cómo amarlos. Todos los padres aman a sus hijos, pero no tienen la experiencia general que usted tiene con la enseñanza, el aprendizaje, y la forma de amar. Escucho su voz y siento su espíritu a lo largo de cada carta. ¡Siga adelante!"

Susan Kilbane
Directora, New Field School

"Aun cuando yo no tengo hijos, su libro me ayudó a visualizar la clase de padre que quiero ser y cómo lograrlo. Genuinamente creo que utilizaré las estrategias que usted describe para educar a mis propios hijos. El tiempo es el mayor de los obsequios, y agradezco profundamente que usted se haya tomado el tiempo para escribir este libro. ¡Maravilloso, verdaderamente es un trabajo maravilloso, Dana!"

Ryan Hammond
Maestro de Educación Física

"¡Este es un libro maravilloso! Qué recurso tan extraordinariamente valioso para los padres. Me gusta mucho el formato de carta, porque lo hace fácil de entender para los padres que siempre están ocupados y que, a su propio paso, pueden recibir grandes ganancias al comprender las estrategias de percepción. Agradezco el tono alentador que tiene el libro para apoyar a los padres, porque promueve una firme conexión hogar-escuela, que todos sabemos es sumamente crítica para el aprendizaje y el desarrollo de nuestros alumnos ¡Excelente trabajo!"

Rebecca Sinclair
Maestra de Educación Especial (Autismo)

"En sus bien expresadas cartas, la Sra. Arias cálidamente captura la manera de acercarse a los padres y a los niños, de manera que cada una crea un sencillo entendimiento de los métodos pedagógicos, cómo usarlos adecuadamente, y cómo aplicarlos con facilidad para incrementar la capacidad de los niños. Cada una de las ideas que transmite están bien descritas y gráficamente explicadas, lo que hace del libro un gran aliado en la guía para padres que puede seguirse sin mayor esfuerzo."

Bárbara Cárdenas
Madre de Cuatro

"Voy a decirle lo que aprendí de usted. Bueno, lo primero que aprendí es algo muy bonito. Usted me dijo que debo creer en mí misma, y que si comento un error, está bien porque aprendo de mis errores."

C.G.
Estudiante de Tercer Año

"Usted es la mejor maestra, porque le gustamos y usted nos ama."

A.P.
Estudiante de Tercer Año

"Aprendí cómo respetar a otras personas."

A.H.
Estudiante de Inglés como Segunda Lengua, Tercer Año

"El enfoque de conversación para explorar el aprendizaje de los niños relacionado con las habilidades de los padres que usted utiliza, puede ser aprovechado por una gama muy amplia de padres Los educadores, como usted, demuestran la importancia de reconocer que los padres son maestros, y eso es vital para el ciclo de aprendizaje."

Miranda Jiménez
Coordinadora de Escuela Comunitaria,
SGA Youth and Family Services

"Gracias por todo el esfuerzo que dedicó no sólo para enseñar a los niños, sino también para comunicarse con los padres para ayudar a los niños a progresar en su aprendizaje del lenguaje, a tomar buenas decisiones, a ser responsables, y a convertirse en adultos más éticos. Creo que usted actúa como un socio compañero cuando se acerca tanto a los padres como a los niños."

Jillana Enteen
Co-Directora, NU Digital Humanities Lab
Northwestern University

"Nosotros, los padres y voluntarios comunitarios, queremos expresar que para nosotros es una alegría y una experiencia enriquecedora estar cerca de la Sra. Arias y poder ayudarla. Ella es un gran recurso para todos nosotros. Nos alienta a aprender, nos regala libros, nos sirve de traductora, y siempre lo hace con palabras amables."

Virgen Torres Martillo, Ana Hernández, María Oliveros,
Sandra Ruiz, Areli Gutiérrez, Elizabeth Ruiz
Madres y Voluntarias Comunitarias

"Después de leer "*Queridos Padres*" siento que tengo una mejor idea de los retos que enfrentan mis alumnos y sus familias diariamente, y tengo confianza en que, con la guía de Dana Arias, tanto niños como adultos cultivarán la compasión y la fortaleza para mostrarlas en su trabajo y sus juegos."

Shana Harvey
Artista Maestra del Ravinia Festival

"El libro de la Sra. Arias es muy claro. Le quita el misterio al por qué los maestros piden a los padres que hagan lo que les piden, y explica cómo las cosas simples pueden hacer una gran diferencia en la vida de ellos y en el futuro de los niños. Este libro no trata sobre como hacer que los niños aprendan mejor, sino sobre cómo hacer más fuertes a las familias, y como lograr que padres y maestros sean mejores socios."

Cathleen Andes
Maestra y Madre

"Dana Arias representa la energía positiva. Mientras avanza por el camino de la propia plenitud, enriquece a quienes se encuentran cerca de ella. Es un honor poder llamar a Dana una amiga para toda la vida y una ventaja tenerla como colega."

Laura Hurtt
Maestra y Madre

"En la profesión de la enseñanza, quienes participan en ella se culpan entre sí por el inadecuado logro de los estudiantes. Este libro no solamente sirve de puente para cerrar la brecha entre padres y maestros, sino que ofrece ideas específicas para crear la cultura de la comunicación abierta y constructiva con los niños."

Dan Dusel
Maestro

"El libro *Queridos Padres* es un hermoso compendio de cartas de un maestro a los padres de sus estudiantes que no sólo muestra la atención y la compasión que siente Dana Arias por padres y estudiantes, sino que abre la comunicación entre todos aquellos que participan en los procesos de aprendizaje de los niños, y les ofrece una mejor comprensión de cómo se lleva a cabo el aprendizaje en los años de escuela. ¡Todos los niños deberían tener la suerte de tener una maestra como Dana Arias!"

Tyler R. Tichelaar, Ph.D.
Autor premiado de *The Best Place*

"Este libro está lleno de sabiduría y ayudas prácticas sobre los temas que afectan a los maestros en todas partes. Es algo que todos los padres con niños en edad escolar deben leer."

Susan Friedmann, CSP
Autora del bes-seller international
Riches in Niches: How to Make it BIG in a small Market

Herramientas, estrategias e ideas para ayudar a sus niños a progresar en la escuela, en el trabajo y en la vida

QUERIDOS PADRES,

de la amorosa maestra de su hijo

Dana M. Arias

Queridos padres,
de la amorosa maestra de su hijo

Herramientas, estrategias e ideas para ayudar a sus niños a progresar en la escuela, en el trabajo y en la vida

Dana M. Arias

www.aprendiendoaensenar.com

ISBN: 978-1-943164-02-8
Número de Control en la Biblioteca del Congreso: 2015918001
Número del Derecho de Autor (TXu 1-848-401)

Editor: Tyler Tichelaar
Diseño de pasta y forros: Bonnie Richter
Diseño interior: Fusion Creative Works, www.fusioncw.com

Se han hecho todos los esfuerzos posibles para obtener las fuentes apropiadas para todas las citas.

Impreso en los Estados Unidos de América.
Primera edición.
Español Edición
2 4 6 8 10
Para obtener copias adicionales, por favor contactar:
www.DearParentsBook.com

La transformación siempre viene de adentro.

Muchas gracias, a ustedes los padres, por servirme de recordatorio de todo lo que puede transformar el poder del amor. Mientras ustedes se transforman a sí mismos, también transformarán a sus hijos.

Para todo lo que deseamos,
siempre hay luz al final del túnel.

– Dana Arias

DEDICACIÓN

Cuando pienso en todas las personas que han llegado mi vida, me doy cuenta de todas las bendiciones que he recibido. Mi vida se ha enriquecido con todas las interacciones que he experimentado. Algunas han sido amables y amorosas, o divertidas y tonificantes, otras han sido difíciles y dolorosas. Sin embargo, las que me han ayudado a crecer y desarrollarme para convertirme en la persona que soy, han sido mezcla de todo lo anterior. Y he aquí que me encuentro viendo la luz al final del túnel. Este estado de bienestar no sería posible de no ser por todos ustedes los que me han ayudado en mis empeños, así que para cada uno de ustedes, dedico este libro con amor y gratitud.

A mamá y a papá, ustedes me enseñaron el valor de la perseverancia. A través de las adversidades, ustedes me enseñaron que el amor conquista todo. No hay cosa alguna que no pueda conquistarse con amor. Aun cuando la noche es más oscura, el amor que ustedes se tienen brillaba como un faro de esperanza para nuestra familia y nos mantuvo juntos. Por lo tanto, este libro está dedicado a ustedes dos, y a Jorge, Johnny y Lidia. Los amo a todos.

Oscar, sin ti este libro no podía escribirse. Tu apoyo tranquilo y no tan tranquilo me permitió avanzar. Cada día me permitiste sentarme ante la computadora por horas, y te sentaste a escuchar mis cartas por horas enteras, y me diste tu opinión. Me mostraste, un lado de la paternidad que era ajeno a mí. Me enseñaste que los padres pueden transformarse porque aman. Gracias por ser mi más firme apoyo, mi mejor amigo, y mi socio. Te amo.

Danita y Michael, ustedes eligieron seguir mi guía, en ocasiones con facilidad y amor, y en otras no. Los resultados nos han reunido como familia. Lo más importante es que me han permitido experimentar la maternidad en su máxima expresión. Sin la ayuda de ustedes no podría haber recibido las percepciones que he compartido con mis lectores. Gracias por ser ustedes quienes son. Los amo a los dos.

Leti, tu fuiste la primera maestra que me tomó de la mano y me guio. Tu ejemplo, tus enseñanzas, y tu amistad me convirtieron en la maestra que soy. Sin embargo, tú fuiste la primera de muchos maestros. Mi vida ha sido bendecida con muchos maestros maravillosos. Cada uno ha contribuido a este libro en su propia forma. Cathleen, me tomaste de la mano a lo largo de todo el proceso. Laura, tu leíste las pruebas y corregiste. Eduardo, tú me ayudaste a conservar la fe cuando estaba comenzando a escribir. Ryan y Becky, ustedes creyeron en mí y me lo hicieron saber. Por su amistad y por creer en mí, agradezco a ustedes y a todos los maravillosos maestros que tocan las vidas de los estudiantes en todas partes. Somos la fuerza de cambio que muchas veces no se reconoce por lo que es. Debemos sostener en alto la cabeza y sentirnos orgullosos de lo que somos: **maestros.**

Finalmente, tengo una enorme deuda de gratitud con cada uno de los alumnos que he tenido, dentro y fuera del salón de clases. Sin saberlo, ustedes han sido mis más grandes maestros. ¡Muchas gracias!

Tengo también una deuda con los padres de mis alumnos. Sin la ayuda de ustedes, nunca podría haber sabido las importantes necesidades que tienen sus niños, ni la devoción de ustedes para ayudarles a tener éxito en el salón de clases. Y, aunque es obvio debo repetirlo, sin ustedes no podría haber escrito este libro.

Es con gran alegría que tengo una vida rica y amorosa –que está llena con las experiencias vividas y que me permite llegar a la luz al final del túnel. A cada uno de ustedes, mis lectores, espero que ustedes también encuentren en su vida la plenitud de la luz al final del túnel.

A todos ustedes dedico este libro con amor y gratitud.

Amorosamente,

Dana M. Arias

AGRADECIMIENTOS

La gratitud es un regalo. Su verdadero significado se halla en las muchas bendiciones que la vida nos otorga. Por ello, me parece apropiado compartir la más profunda gratitud con todos aquellos que me han apoyado al escribir este libro. Sin su ayuda y estímulo no sería tan variado y enriquecedor. Cada uno de ustedes me ayudo a continuar por el camino y no perder mi objetivo. Gracias por su amor y apoyo.

Padres de familia, este libro surgió por sus constantes preguntas. Gracias por preguntar. Me inspiraron y motivaron a escribirlo. Sus preguntas son el alma y el corazón de este libro.

Leti, me enseñaste a ser maestra. Muchas de las lecciones de este libro, están aquí gracias a tu orientación.

Cathleen, tu continuo apoyo definitivamente te hacen la madrina** de este libro. Sé que tú lo entiendes.

Laura y Eduardo, ustedes creyeron en mi libro cuando apenas estaba empezando a escribirlo.

Ryan y Becky, su buena disposición para leer mi libro desde la etapa inicial, y su constante apoyo, me dieron ánimos para seguir escribiendo.

Sra. Kilbane y toda mi familia de New Field, este libro es el reflejo de la cultura del respeto, colaboración y responsabilidad que hemos logrado alcanzar en nuestra escuela. Gracias por ser quienes son, y por contribuir tanto con nuestra escuela y nuestros estudiantes. Sobre todo, gracias por ser el constante apoyo que para mí han sido.

Sra. Araceli, Sra. Isabel y Sra. Antonia, gracias por su amor incondicional. Su amor y bondad brillan en cada página de este libro.

Sra. Escalante, me reuniste con Helena y siempre has sido una tía amorosa para mi.

Helena, escuchaste mis sueños y me recomendaste con un consultor.

Patrick Snow, hiciste de este proceso algo fácil. Tu ayuda y orientación son invaluables. Sin ti, este libro no sería lo que es.

Tyler Tichelaar, tomaste mi libro y lo adornaste, haciendo que las palabras fluyan hermosamente.

Bonnie Richter, escuchaste cuidadosamente mis ideas y creaste una portada que adoro.

Shiloh Schroeder, tomaste todas y cada una de las partes y las convertiste en un libro. ¡Wow!

Susan Friedmann, he escuchado que es difícil encontrar una casa editorial dispuesta a publicar. No es mi caso. Tú fuiste amable y generosa conmigo.

Greg Anderson, hiciste de la impresión una experiencia simple.

Jorge, me enseñaste a creer en mi capacidad para escribir.

Patricia, Alyssa y Georgia, se sentaron a escuchar esas eternas lecturas de mis cartas, y con honestidad me dieron sus puntos de vista.

Michael, tu paciencia con mis problemas de computación me salvó en cada ocasión que lo necesité.

Danita, aprendiste a escuchar, a escuchar de verdad, y me apoyaste.

Oscar, me apoyaste en las buenas y en las malas. Tu amor y respaldo son la trama que une cada una de las partes de este libro.

A todos y cada uno de ustedes, gracias. Su amor y apoyo son el regalo más grande que pude recibir al viajar por el camino de la autoría.

Querida Lupita:
Es con mucho cariño y agradecimiento
que te dedico este libro.

INDICE

PREÁMBULO

Al crecer y asistir a la escuela en las décadas de los años 1970 y 1980, con frecuencia me etiquetaban como alguien que batallaba con problemas de comprensión de lectura y expresión oral. Recuerdo que me colocaron en un grupo de lectura lenta y nunca disfruté de leer en voz alta en clase, porque no me oía leer con la fluidez como sonaba la voz de aquellos estudiantes que estaban en grupos de lectura avanzada. Frecuentemente me preguntaba por qué tenía problemas como lector cuando era pequeño y por qué otros alumnos no los tenían.

Lo que descubrí fue que cuando una maestra tomó un interés personal en mi éxito y me permitió avanzar o leer sobre asuntos que yo disfrutaba, florecí como estudiante y, muchos años después, me convertí en autor de un best-seller y conferencista profesional porque otros maestros y otros capacitadores, que también se interesaron en mí, me retaron a traspasar los límites autoimpuestos, y me amaron como si fuera su propio hijo.

Como resultado, creo que los niños experimentan el éxito en el salón de clase cuando reciben amor, se les reta y se les nutre. Lo más importante es que los niños tienen éxito en la escuela cuando los adultos creen en ellos. De hecho, el Dr. Robert Brooks, sicólogo, autor, y conferencista motivador, ha dicho:

"Uno de los factores más importantes que contribuye a la resiliencia de los niños es la presencia de cuando menos una persona en sus vidas que cree en ellos."

En este poderoso libro escrito por Dana Arias, usted aprenderá la forma en que padres y maestros pueden trabajar juntos con espíritu de armonía para beneficiar de igual manera a estudiantes y niños. Dana, que es una muy exitosa maestra y bibliotecaria bilingüe, ha pasado años y años nutriendo, retando y creyendo en sus estudiantes, mientras comunicaba a los padres qué era lo que ellos podían hacer para que sus hijos florecieran como estudiantes y crecieran académicamente. En el distrito escolar donde se encuentra Dana, los estudiantes provienen de sesenta países y hablan cuarenta idiomas distintos, por lo que este libro ha demostrado que funciona independientemente del antecedente socioeconómico que tenga usted y su familia, del idioma que hable, o de dónde se encuentre. Lo más importante es que Dana *cree* en el potencial de su hijo, y este libro ayudará a fortalecer el nivel de creencia y fe que usted tiene en su hijo.

En *Queridos Padres*, Dana le ofrece una serie de cartas que básicamente representan una conversación que puede ayudarle como padre o madre a preparar a su estudiante para que tenga éxito académico. Estas cartas le brindarán, a usted, las herramientas necesarias para trabajar en conjunto con los maestros o maestras de sus hijos para crear estudiantes del Siglo XXI. Cuando usted y su hijo sigan la sabiduría y el consejo que ofrece este libro, sus niños se convertirán en estudiantes mas seguros de si mismos teniendo calificaciones más altas que antes. Y, más importante que las calificaciones, será el deseo que ellos tengan por seguir aprendiendo, por seguir explorando, por entender que ellos pueden lograr cualquier sueño, cualquier meta que sus corazones tengan guardada para ellos.

Estas estrategias, herramientas y técnicas han demostrado que funcionan para su hijo. Dana no es solamente bibliotecaria y maestra, también es madre de dos adolescentes, así que puede perfectamente entender y solidarizarse con usted y los desafíos que diariamente usted enfrenta para atender a su familia, trabajar externamente, y constantemente equilibrar las cosas que le jalan en direcciones contrarias.

A lo largo del libro usted encontrará pepitas de oro de conocimiento que Dana le ofrece y que usted puede aplicar a sus hijos e hijas, para que crezcan y se conviertan en los buenos estudiantes que potencialmente pueden ser. Estas cartas les darán paz, y cuando sigan sus consejos, verán los resultados sorprendentes que experimentará el niño, mientras ambos padres y los maestros pueden sentirse seguros de que sus esfuerzos de aprecian y se reconocen.

Así que, siéntese cómodamente, lea el libro y ¡vuelva a leerlo! Comparta este libro con otros padres en su distrito escolar, con la organización de Padres y Maestros, y con sus vecinos. Aplique la sabiduría de esta enseñanza a sus hijos y observe que, como resultado, suceden cosas maravillosas. Prepárese para un viaje de entusiasmo. Su vida como padre o madre se volverá más sencilla, y sus niños aprovecharán sus experiencias académicas para escalar a nuevas alturas.

Patrick SnowAutor de los best-sellers: *Creating Your Own Destiny* and *The Affluent Entrepreneur*
www.PatrickSnow.com

INTRODUCCIÓN

Creación de un Nuevo Principio para Padres y Maestros

En la actualidad, hay muchas personas que se quejan del mal comportamiento de los niños. Están bajo la impresión de que esos niños piensan que tienen derecho a esto y, por lo tanto, exhiben conductas egoístas. Muchas inclusive dicen que los niños son el reflejo de sus padres. Cuando vemos un poco más de cerca, estos niños parecen ser el reflejo de la forma en que sus padres los educaron. Algunos padres pueden decir: "Yo no enseñé a mi hijo a comportarse así." El problema es que casi seguramente los padres sí lo hicieron, pero no se percataron de lo que hacían. Sí, ese pequeño mal educado ¡es creación de ellos! No hay forma de negarlo, les guste o no, el niño se comporta y actúa de la manera en que lo enseñaron sus padres.

Por favor no pretendan que no saben de lo que estoy hablando; bien saben que lo que digo es verdad. Todos esperamos que nadie vea a nuestro hijo como un malcriado. Pero tal vez las personas lo vean así, después de todo, porque bien sabemos los problemas que tenemos tanto en casa como en la escuela. ¿Qué sucede si los demás ven a nuestro hijo como un malcriado?

Así que ahora usted comienza a preocuparse porque ese problemita es suyo. ¿Qué hacer? Está afectando su vida en casa, y la maestra de su niño le dice constantemente que tiene problemas con el pequeño. Usted quiere decirle a la maestra que usted ya se está ahogando, pero no puede. ¿Por qué ella se queja constantemente? ¿Por qué ella le falla a su niño? La calificación ¡es injusta! ¿Qué se cree la maestra? ¿Por qué le manda tareas tan grandes al niño? ¿Qué ella no está haciendo lo que debe? Porque si ella hiciera lo debido su angelito se portaría bien ¿no es así?

Todos quisiéramos pensar que las cosas serían mejores si la maestra hiciera su trabajo. Eso sí sería bueno. Usted podría llegar a casa después de un largo día de trabajo y disfrutar al niño. La tarea ya estaría terminada, y ustedes podrían sentarse juntos a ver un programa después de cenar y limpiar la cocina juntos. Pero esa situación parece un lindo sueño pues está muy lejos de la realidad. Sin embargo ese es su sueño del día, y casi todos tenemos uno. Queremos apreciar y ser apreciados por el niño.

Este libro le mostrará cómo trabajar con la maestra o el maestro de sus hijos para que ese sueño se convierta en realidad. Usted quiere que las cosas cambien para usted y su familia, ¿no es así? Sí, claro que quiere – pero las herramientas que hasta ahora tiene son tan ajenas que usted no está seguro donde comenzar. No tenga miedo – este libro le servirá de guía, lo prometo. Vamos a comenzar dando una mirada a las cosas que aprenderá en este libro.

- **Aprenderá cómo comunicarse con su hijo.** Saber escuchar crea lazos familiares fuertes que le ayudarán a conectarse. Cuando su niño se siente que usted escucha todo lo que dice, usted se dará cuenta que muchos de los problemas de disciplina comenzarán a desaparecer tanto en casa como en la escuela.

- **Usted enseñará a su niño a ser agradecido cuando usted se coloque en primer lugar.** ¡Sí! Cuando usted enseñe al niño que usted es importante, el niño o la niña comenzarán a verlo como importante, y apreciarán los sacrificios que usted hace.

- **Usted aprenderá la importancia que tienen las rutinas y de qué manera pueden convertirse en hábitos de vida que empoderen a su niño.** Una vez que usted aprenda a comunicarse con su hijo, usted aprenderá a desarrollar rutinas que su hijo deberá respetar, y que se convertirán en hábitos de vida. Por lo tanto, usted no tendrá que preocuparse por despertarse a vivir la pesadilla que hasta ahora tiene.

- **Usted descubrirá que las habilidades que usted enseña al niño se convierten en un buen desempeño académico.** Cuando usted comienza a modelar las habilidades de escuchar y ayudar a su niño a entender que usted también es importante, usted realmente comienza a trabajar como equipo con la maestra de su niño. Las ideas y diálogos que usted comparte con sus hijos empezarán a integrarse las discusiones que hay en clase y a darle forma a los pensamientos, ideas y capacidad para escribir del niño.

- **Usted aprenderá cómo se desarrolla el pensamiento y cómo usted puede enriquecer la manera de pensar del niño, usando las herramientas que usted ya tiene.** ¡Bravo! Eso sería muy bueno. Un niño que se porta bien y que recibe mejores calificaciones ¿qué puede haber mejor? Hay muchas cosas más.

- **Usted aprenderá cómo trabajar con los maestros de sus hijos formando equipo con ellos.** Así es, ese es el objetivo final de este libro. Nosotros aprendemos a trabajar juntos en lugar de trabajar unos contra otros, buscando una meta en común: qué es lo mejor para su niño.

¡Sí! Este libro va a enseñarle como lograr estas metas y muchas más. Aunque usted no lo crea, se puede alcanzar todas estas metas. Usted puede hacerlo si recibe la asesoría adecuada. Este libro le ofrece las percepciones y herramientas que usted necesita para ayudarle a convertirse en el padre o madre que siempre quiso ser.

Seguramente se pregunta: "¿Quién es la persona que escribe este libro? ¿Cómo sabe cuáles son los problemas por los que estoy pasando? Y ¿Quién es ella para enseñarme cómo resolverlos?" Bueno, soy y he sido tanto maestra como bibliotecaria por casi quince años. Pero lo más importante, es que soy la madre de una niña de quince años y de un niño de diecisiete años. No quiero que mis hijos se porten mal, sino quiero que tengan éxito en la escuela y en la vida. Siento el dolor y la ansiedad que ustedes experimentan pues se preocupan por el futuro de su hijo. Veo como ustedes, los padres, luchan día con día contra estos problemas. Ustedes se acercan a mí, a la hora de la salida para preguntar cómo pueden ayudar a sus hijos. Ustedes lo hacen cuando piensan que nadie los ve, porque temen que los juzguen mal. No se preocupen; esos padres están luchando contra los mismos problemas. Por favor tengan la seguridad que su secreto está a salvo conmigo.

Asusta mucho pensar que su hijo será juzgado por la conducta que exhibe. ¿Van a dejar de querer a mi niño los demás? ¿Van a aceptarlo? Estas son preguntas que todos nos hacemos. Y, casi seguramente, usted se encuentra paralizado, inseguro sabe como ayudar a su hijo a mejorar académicamente y, me atrevo a decir, conductualmente. Seguramente usted también siente miedo de ser juzgado. Recuerde: nadie va caminando en sus zapatos; los otros pueden ver y juzgar sólo por lo que ven externamente, pero ellos no caminan en los zapatos de usted. La peor parte es que usted está tratando inútilmente y se encuentra que sólo va siguiendo la corriente. Usted se siente paralizado y siente que es muy difícil avanzar. ¿Cómo puede hacerlo cuando no tiene seguridad de qué hacer para mejorar las cosas?

No se preocupe. Usted no está sólo, pues como dije previamente, son muchos los padres que están peleando las mismas batallas. Sin embargo, yo quiero ayudarle y brindarle asesoría en estos momentos de dificultad. Escribí este libro porque sé muy bien que tanto usted como otros padres están pasando por lo mismo. No hay necesidad de ver más padres y maestros batallando. Lo que todos queremos es lo mismo: que nuestros hijos y nuestros alumnos tengan éxito. Como maestra, voy a enseñarle cómo podemos trabajar juntos. Dígame ¿no sería bonito que alguien le ayudara en este difícil período? Recuerde, yo paso muchas horas con su hijo (o con estudiantes como su hijo). He aprendido a preocuparme por él y veo muchas conductas que también usted ve en casa. Si trabajamos juntos, podemos crear un frente común. Unidos podemos guiar al niño para que llegue a un mejor lugar. Por favor piense en mi propuesta. Juntos podemos lograr mucho más, y hasta ahora lo que hemos hecho no ha tenido el éxito que quisiéramos. No tenemos nada qué perder y sí hay mucho que ganar. Por favor, caminemos juntos.

¿Está usted listo? ¿Podemos comenzar nuestro viaje? Le prometo que los premios serán grandes. Usted podrá ayudar a su niño y, al mismo tiempo, usted podrá descubrirse como una nueva persona. Vamos, es el momento en que maestros y padres unidos vayamos siguiendo este camino que llamamos educación. Juntos podemos hacerlo.

¡Qué gusto! Usted viene conmigo. ¡Gracias! ¡Muchas gracias! Yo sabía que usted lo haría. Vamos a avanzar y este es el momento de comenzar.

Amorosamente,
La maestra de su hijo,
Dana M. Arias

CARTA 1

Las habilidades de aprendizaje y la cena—Cómo se conectan

Queridos padres:

Ahora que terminó la escuela y los niños tienen la libertad para disfrutarlos a ustedes y al verano, quiero pedirles su ayuda. Su ayuda es importante para preparar a sus hijos para el próximo año escolar. Esto les permitirá ser mejores estudiantes y mejores adultos. La ayuda que les pido es muy sencilla, y posiblemente muchos de ustedes ya lo están haciendo.

Lo que les pido es que sienten a cenar con sus hijos todas las noches. Seguramente ustedes se preguntarán eso en qué me ayuda a mí, que soy la maestra de sus hijos.

Bueno, pues me ayuda en muchas formas. La primera es que establece una rutina con la que pueden contar sus hijos. Eso para ellos representa el regalo de la estabilidad. Un niño que se siente seguro es mucho más probable que sea exitoso en la escuela.

La segunda forma en que ayuda, es que su hijo aprenderá a mantenerse enfocado. Aquel niño que tiene la costumbre de sentarse a la mesa durante la cena, generalmente no tiene problemas para mantenerse sentado en clase. Eso le permitirá enfocarse en su trabajo y no distraer a otros estudiantes.

La tercera forma en que ayuda, es que cuando los niños cenan con ustedes casi siempre se conversa con ellos. Cuando se abre la conversación los niños aprenden a enfocarse, y eso les ayuda en clase. Un niño que tiene la habilidad de enfocarse es mucho más probable que ponga atención y retiene más de lo que se le presenta y se discute en la clase. Se pide a todos los niños que participen en la clase y son ellos, los niños, los responsables de los activos intercambios durante la conversación. Esta habilidad es muy necesaria tanto en la escuela como en cualquier profesión.

Cuando usted intercambia información con su hijo, usted tiene la gran oportunidad de ver el mundo a través de los ojos de su hijo. Es así que usted puede estimular y alentar ideas y proporcionarle lineamientos, o corregir las ideas cuando lo considere necesario y brindarle un cariñoso aliento.

El intercambio de ideas y de historias también incrementa considerablemente las habilidades del niño respecto a la comprensión auditiva y el dominio del lenguaje. Todos sabemos que aquellas personas que se expresan de mejor manera tienen mayores posibilidades de que las escuchen. Lo que para muchos padres no es obvio es que la claridad con la que se expresa verbalmente un niño se traduce en la claridad con la que ese niño se expresará en el momento de escribir. Solamente puede escribirse aquello que uno ha pensado y escuchado. Mientras más ideas intercambien ustedes con sus hijos será mayor lo que ese intercambio construya en la manera de pensar y escribir del niño.

Este intercambio también proporcionará a su hijo la oportunidad de construir su acervo de conocimientos, que representa el cimiento para aprender nueva información. Como profesora encuentro que cuando hablo de ecosistemas es mayor el éxito si es que el estudiante sabe lo que es un océano. La unidad de nutrición es mucho más eficaz cuando el niño conoce ya los nombres de las distintas frutas y diferentes vegetales. La conversación diaria con ustedes ayudará a construir los antecedentes que me permitan como maestra establecer las conexiones significativas en el salón de clase.

Les deseo a ustedes y a su familia un verano maravilloso lleno de cenas muy sabrosas ¡y grandes conversaciones!

Cariñosamente,
La maestra de su hijo

CARTA 2

Aprendiendo a escuchar

Queridos padres,

Me conmovió profundamente su pregunta: "¿Cómo puedo hacer que mi hijo me hable de lo que realmente importa?" ¡Esta es una gran pregunta!

Una de las cosas más difíciles para la mayoría de nosotros es establecer buenas habilidades para conversar. El proceso lleva mucho tiempo y requiere paciencia. Escuchar y responder son habilidades que se aprenden y se cultivan. Lo que a casi a todos nosotros nos cuesta trabajo es aprender a escuchar.

Durante una conversación, es muy sencillo pensar en las respuestas cuando asumimos que sabemos lo que alguien va a decir. Por lo tanto, en realidad no escuchamos las ideas de la otra persona. En realidad, lo que estamos escuchando son nuestros pensamientos y parcialmente escuchando las palabras y las ideas de la otra persona.

Al conversar con su hijo, usted necesita escuchar en verdad lo que su niño expresa. Escuchar significa que no lo está aconsejando, ni le está llamando la atención, ni está llenando los huecos. Significa que usted deja de hacer aquello en que estaba ocupado y establece contacto visual con su niño. Usted escucha, afirma con movimientos de cabeza, y de vez en cuando parafrasea lo que escuchó. Esta respuesta de parte suya le asegura al niño que usted está involucrado, está interesado, y que sigue la conversación con atención.

Por favor no se desaliente al comenzar a escuchar de esta manera – ¡no es fácil escuchar y cambiar! Los nuevos hábitos llevan tiempo y es necesario practicarlos, porque usted está controlándose a sí mismo para convertirse en un buen oyente y así poder conversar mejor con su hijo. La verdad, le aplaudo este difícil intento y su dedicación. Seguramente usted se esfuerza por lo mucho que ama a su niño.

Lo que sigue representa un desafío, pero estoy segura que podrá superarlo. Recuerde ser considerado consigo mismo dado que usted está borrando los antiguos patrones que ha tenido por mucho tiempo. Una de las nuevas habilidades que debe desarrollar ahora es no convertirse en juez ni para usted mismo ni para su hijo.

Su niño está aprendiendo nuevas ideas y nuevas conductas. Por favor créame cuando le digo que ese niño está haciendo lo mejor que puede. Cuando dice que golpeó a Juanito o que se burló de él, realmente está buscando orientación y apoyo. Por favor no llegue a conclusiones precipitadas. Mejor hágale alguna o todas estas preguntas: "Y tú, ¿cómo te sientes?", "¿Por qué lo hiciste?", "¿Crees que fue lo correcto?", "¿Cómo piensas que se sintió la otra persona?"

Todas estas preguntas iniciarán un diálogo significativo pues usted no está actuando como juez. En caso de que actuara así, dado que usted también está aprendiendo, por favor perdónese. Todos tenemos el derecho de cometer errores. Luego, analice qué hizo usted bien y compártalo con su niño. Dígale también que se da cuenta que usted emitió un juicio y que está trabajando para ser mejor oyente. Y, lo más importante, hágale saber a su hijo que usted está tratando de ser un mejor padre porque lo ama.

Si en algún momento usted siente que debe disculparse, hágalo. Nunca dejará de sorprenderse por lo amoroso y generoso que es su hijo para otorgarle el perdón. Después, continúe trabajando para aprender a ser mejor oyente y busque avanzar en su habilidad para aceptar a los demás. Convertirse en un buen oyente requiere práctica. Con paciencia y persistencia, usted será altamente capaz de escuchar.

No lo olvide ¡sí se puede!

Amorosamente,
La maestra de su hijo

CARTA 3

Cómo alentar mientras aprendemos a escuchar

Queridos padres:

Por favor no se desalienten. Algunos han dicho que están tratando de ser mejores oyentes, y a pesar de ello sus hijos ni hablan con ustedes, ni los escuchan. ¡Qué frustrante! Sin embargo, permítanme asegurarles que van por el camino correcto.

A pesar de que este es un cambio positivo, el niño necesita tiempo para ajustarse. Posiblemente está pensando: "¿Qué le pasa a mi mamá o a mi papá, y que le pasa a la familia? Casi siempre lo que hacen es 'sermonear'. ¿De qué se trata?" En muchas formas, ese cambio puede ser inquietante.

Piénselo de esta manera. Usted tiene un jefe. El jefe siempre le ordena qué hacer. Cuando usted comete un error, la regañada nunca termina. Un día, sin esperarlo, su jefe asiste a un seminario donde aprende que debe tener diálogos más significativos con usted a fin de incrementar la productividad. Al día siguiente, pone en práctica todas esas nuevas ideas. Tanto usted como sus colegas del trabajo se sorprenden y no saben que está sucediendo. ¿Por qué ese cambio tan repentino? ¿Ahora qué quiere? Siempre se piensa que debe haber alguna razón negativa para esta nueva conducta.

En realidad su jefe está tratando de proteger su trabajo mejorando las comunicaciones, dado que eso puede mejorar la productividad. Esa situación no es del todo distinta al rol de padre que usted tiene. Se desea una mejor comunicación con el hijo para tener mejores relaciones con él y que, a su vez, él tenga éxito en la escuela y en la vida. Por favor conserve esto en mente mientras continúa trabajando en su propia capacidad para escuchar con atención y no juzgar.

Si sus hijos están desconcertados, usted va en el camino correcto. Aun cuando de parte de ellos la respuesta sea negativa, eso significa que están viviendo el cambio en usted y tratando de averiguar qué sucede. Muy probablemente piensan: "Y en todo esto, ¿dónde entro yo?" Tenga paciencia y continúe haciendo ese buen trabajo. Usted se está convirtiendo en un mejor oyente. La clave es hacerles saber que usted trata de ser mejor padre y mejor oyente. Con el transcurrir de los días y cuando sus hijos se percatan de que usted es honesto en sus esfuerzos, lo respetarán más y comenzarán a confiar en usted. ¡No se dé por vencido! Va en el camino correcto.

Amorosamente,
La maestra de su hijo

CARTA 4

Escuchar produce fuertes lazos familiares

Queridos padres,

Conforme la vida se vuelve cada día más ocupada, en todo momento nos es más difícil tomar el tiempo para escuchar. Son muchos los niños y los adultos que no saben escuchar. La mayoría de nosotros oímos perfectamente bien, pero el problema es que oír no es lo mismo que escuchar. ¿Cuál es la diferencia?

Escuchar es algo en que se requiere desarrollar una habilidad. Escuchar significa que por un momento suspendemos lo que estamos haciendo para oír, con los oídos, con la mente y con el corazón, lo que otras personas están diciendo. Se requiere comprender lo que la otra persona está diciendo. Se necesita concentrar toda nuestra atención en lo que la otra persona dice. Lo más importante es que debemos averiguar qué es lo que la otra persona nos dice y que va más allá de sus comentarios iniciales.

Voy a dar un ejemplo. Cuando su niño dice: "Mamita, no quiero ir a la fiesta de cumpleaños de mi amigo", muchos padres pueden considerar que está bien y simplemente dejan eso de lado. En otras palabras expresan "te oí" y se acabó. Sin embargo, cuando observamos con cuidado y escuchamos, podremos descubrir que la razón por la que el niño no quiere ir a la fiesta de cumpleaños tiene un significado más profundo.

¿Podría ser que el niño peleó con el amigo? ¿Sería que no lo invitaron? ¿Se siente el niño inseguro o le molesta algo? Quizá el niño no quiere que usted gaste dinero en un obsequio porque en casa hay escasez de dinero. Pueden ser muchas las razones. La realidad es que cuando escuchamos, podremos percibir qué hay dentro del mundo del niño

Cuando oímos pero no escuchamos, no tenemos idea; no vemos realmente lo que sucede en la vida de nuestros hijos. Y después nos sorprendemos cuando nuestros hijos se sienten frustrados y enojados. Ellos nos dicen que no los escuchamos. Nosotros les decimos que sí, que en realidad los oímos bien, pero no tenemos idea de lo que sucede porque no los hemos escuchado. Estamos tratando de averiguar qué provocó ese enojo del niño hacia nosotros, y en realidad no sabemos. El enojo radica en que siente que no lo escuchamos ó no lo entendemos.

Es posible que su niño no pueda expresar lo siguiente: "Mamita, tuve un pleito con Luisita porque me dijo que '_____' y por eso ella no quiere que yo vaya a su fiesta". Si le respondemos "Está bien" el niño se enoja con nosotros porque "no escuchamos" cuáles son sus sentimientos, no sabemos cómo se siente.

El hecho de no escuchar lo que hay detrás de las palabras se aplica no sólo a nuestros hijos. También es aplicable al trabajo, a las relaciones con colegas, cónyuges, amigos y familia. No saber escuchar es una de las mayores razones por las que surgen malos entendidos en nuestra sociedad. Estamos tan ocupados en ir desde la A hasta la Z que no nos detenemos a escuchar. Lo que es importante para nosotros pierde su valor cuando no nos detenemos a escuchar.

Somos tantos los que nos esforzamos para asegurar que nuestros niños tengan la mejor ropa, los mejores juguetes, y el último dispositivo electrónico. Trabajamos muy duro para que nuestros hijos tengan todo eso. Esta es la forma en que les mostramos a nuestros hijos lo mucho que los queremos y que nos ocupamos de ellos. Sin embargo, si nos detenemos a escuchar, verdaderamente escuchar, sabremos que nuestros hijos cambiarían todo eso con tal de poder pasar tiempo acercándose a nosotros.

Como ejemplo, voy a contarles una historia de mi niñez. Cuando yo tenía aproximadamente dieciséis años, mi papá llegó con un señor a nuestra casa. Resulta que ese señor era el presidente de una gran empresa en México. Mi papá y él llegaron a casa para recoger unos documentos que mi papá había dejado allí. Yo corrí para abrazar a mi papá y darle un beso. Esto era lo natural para mí.

El colega de mi papá observó mi conducta y se sintió conmovido. Posteriormente, papá nos dijo lo que su colega comentó al observar el cariño que le tengo a mi papá. Ese señor había trabajado toda su vida para dar a sus hijos todo lo que necesitaban y lo que querían. Ya no querían más cosas materiales, pues tenían todo, pero no eran felices. Estudiaban en una de las mejores universidades de México, y aunque vivían en la misma casa, la casa estaba vacía. Su esposa salía a lo suyo, los hijos hacían lo que les correspondía, y el llegaba tarde a esa casa que en realidad no era un hogar. Tenían todo: casas, autos, ropa, viajes, etc. Pero ¿qué faltaba?

Este padre y sus hijos no tenían ese lazo amoroso que es producto de saber escuchar. Les faltaba es vínculo que se fortalece cuando nosotros entendemos qué es lo que nos dice la otra persona y desarrollamos la empatía por él o ella. Saber escuchar es el pegamento que nos vincula, que nos hace crecer y desarrollarnos para convertirnos en personas que se ocupan de los demás. Es el vínculo que le informa a la otra persona: "Te quiero".

Posiblemente ya no valoramos esta habilidad porque no la vemos como algo tangible, como un juguete o un juego. Sin embargo, su riqueza, para nosotros y para nuestros hijos, es invaluable porque construye la unidad de nuestras familias. Es el cemento que une a las familias. Es lo que permite a los hijos crecidos estar cerca de los padres cuando son viejos, porque los hijos recibieron esa riqueza cuando eran pequeños y a lo largo de toda su vida.

Si usted necesita comenzar a escuchar a su hijo, hágalo. Posiblemente deba hacerlo por egoísmo, porque usted no querrá terminar como aquel señor que una vez llegó a mi casa. Escuche a sus hijos. Este acto de egoísmo posiblemente resulte el mejor obsequio que usted se dé a sí mismo, a sus hijos y a su familia.

Amorosamente,
La maestra de su hijo

CARTA 5

Escuchar nuestras propias necesidades en realidad beneficia a la familia

Queridos padres,

Ustedes me dicen que no saben por dónde comenzar. Ustedes me dicen que no saben cómo decirle a su hijo que lo están escuchando. Ustedes me dicen que se sienten frustrados porque nadie los escucha a ustedes y ahora ustedes tienen que escuchar a alguien más a pesar de que ustedes están muy lastimados. Ustedes hacen lo mejor que pueden y no saben qué más pueden hacer.

Ustedes quieren que las cosas salgan bien, y se sienten abrumados porque están tratando pero parece que no hay grandes avances. Se sienten solos soportando esa carga. De alguna manera, la vida les ganó y ustedes se sienten perdidos y muy solos. ¿Cómo pueden ayudar a sus hijos cuando ustedes están tan dolidos? ¿Cómo pueden arreglar las cosas?

Comiencen por escucharse a sí mismos. ¿Qué es lo que necesitan? ¿Necesitan dormir? ¿Necesitan llorar? ¿Necesitan gritar? ¿Necesitan hablar? ¿Qué es lo que necesitan?

¿Por qué es tan importante que ustedes entiendan las propias necesidades? Porque si no comienzan por entenderse ustedes a sí mismos no pueden ayudar a sus niños ni a su familia en la forma en que ellos necesitan. El mayor esfuerzo que ustedes hagan no será suficiente, porque ustedes también están muy dolidos. No importa cuáles sean sus intenciones, el dolor por no cubrir sus necesidades personales permeará a todo lo que hagan.

En ocasiones nos engañamos solos diciendo que nuestras necesidades no importan, pero sí importan. Cuando estamos cansados y no hemos dormido, vamos a regañar a los hijos cada vez que nos sentimos frustrados. ¿En realidad somos malvados? No, solamente somos seres humanos. Sin embargo, esa humanidad no es disculpa para hacer los que NO es correcto. Debemos hacer lo correcto. Así que si estamos cansados, debemos dormir.

No debemos correr tratando de hacer muchas cosas y ladrándoles a nuestros hijos porque estamos cansados. Créanme, es mejor que los hijos no vayan a deportes o al ballet porque ustedes durmieron una siesta, que llevarlos a deportes o al ballet y pelear con ellos todo el tiempo durante el trayecto en el auto. Algunos de nosotros no nos damos el lujo de dormir una siesta porque no hay quien cuide a los niños. Y este es el momento de desacelerarnos. Los platos en la cocina pueden esperar. Es preferible ocuparnos de nuestras necesidades y no correr el riesgo de convertirnos en ogros. En esos difíciles momentos y sin mala intención, casi siempre decimos algo que puede herir los sentimientos de nuestros niños y luego nos sentimos muy mal por haberlos lastimado.

Debemos darnos cuenta que nosotros también somos importantes. Aquello que hagamos para ayudarnos a ser más estables, también ayudará a nuestras familias y, en última instancia, a todos los aspectos de nuestra vida. Como cabezas de familia, debemos estar bien. Cuando la cabeza se cae, el resto de la familia padece. Así que pregúntense ¿qué necesito para estar bien?

Hay ocasiones en que la respuesta a esa pegunta es sencilla. Necesito comer. Necesito unos minutos de quietud. Hay otras ocasiones en que la respuesta sea elusiva. Sabemos que necesitamos algo, pero no estamos seguros qué es. Traten de sentarse y escuchen lo que les dice su corazón. Ustedes van a percibir la respuesta. Tal vez no sea algo inmediato, pero la respuesta va a llegar. Observen lo que los rodea y escuchen. Va a llegar.

Es maravillosa la forma en que su organismo les dice qué necesita. Nada más obsérvenlo. Al principio posiblemente necesiten ayuda para comprenderlo. Cuando ustedes se enferman, la parte de su cuerpo que está enferma está tratando de decirles qué es lo que deben atender. Háganlo. Pongan atención a su organismo porque les está dando indicaciones sobre aquello en lo que deben trabajar. Escuchen a su cuerpo y a su espíritu y percibirán qué necesitan para sentirse bien. Luego, actúen de acuerdo con lo que cuerpo y espíritu les dicen. Hagan todo aquello que necesitan para ayudarse a ustedes mismos y a sus familias.

Ustedes son la espina dorsal de la familia. El bienestar de los miembros de su familia depende del bienestar de ustedes. Cuídense; consiéntanse, y ámense porque son importantes y porque lo merecen. El problema es que muchos de nosotros quedamos atrapados en nuestras obligaciones y responsabilidades y nos olvidamos de nosotros mismos. No nos olvidemos. Somos el pilar que sostiene a nuestra familia unida.

Mientras mejores seamos para resolver nuestras necesidades, mejores seremos para resolver las necesidades de nuestra familia. Recuerden, no podemos dar lo que no tenemos. Saber que estamos completos siempre, nos ayudará a ayudar a nuestras familias. De muchas formas, el cuidarnos a nosotros mismos primero puede parecer egoísta, pero es necesario. Debemos asegurarnos que estamos bien para poder estar allí para nuestras familias y que nuestras familias estén bien. Debemos darnos el lujo de consentirnos con este pequeño egoísmo.

Amorosamente,
La maestra de su hijo

CARTA 6

Cuidarnos nosotros no es egoísta ¡es necesario!

Queridos padres,

Algunos de ustedes se sorprendieron con mi última carta. Piensan que los padres debemos ser generosos con nuestros hijos. Estoy de acuerdo en que debemos ser generosos con nuestros hijos. Pero no podemos ser generosos con ellos mientras no seamos generosos con nosotros mismos. Piensen eso por unos momentos.

Cuando ustedes se sienten bien, felices y llenos de vida, están en una posición ideal para compartir. Es fácil dar cuando estamos emocionalmente bien. Ahora piensen en forma diferente. Ustedes no se sienten bien; están sobretrabajados y cansados. Su niño llega a pedirles que lo lleven al centro comercial. Ustedes no quieren ir porque necesitan descansar unos momentos. Sin embargo, podrían hacerlo porque eso es lo que hacen "los buenos padres". ¿Pero se hace de buen humor? ¿Lo hacen por amor o por un sentido del deber? ¿Lo hacen para que el niño no diga nada más y quitarlo de enfrente?

Muchas veces hacemos cosas porque creemos que "debemos", "tenemos que", o "necesitamos" hacerlas. Cuando actuamos siguiendo estos "debemos", "tenemos que", o "necesitamos", no actuamos con honestidad hacia nosotros mismos, no somos honestos con la persona más importante en nuestra vida. Si, la persona más importante en su vida ¡es usted! Esto se nos olvida y no hablamos de ello porque la gente nos puede considerar egoístas. Pero recuerde que usted debe ser considerado consigo mismo; debe cubrir sus necesidades para poder ser buen padre o madre. No es egoísta decir: "necesito dormir una siesta". En cuanto haya descansado te voy a ayudar".

Por favor piense en esto: USTED ES IMPORTANTE. ¡USTED TAMBIÉN CUENTA! No permita que alguien le diga algo diferente. Cuídese y redescubra la increíble y maravillosa persona que usted es. ¡También sus hijos van a amar a esta persona increíble y maravillosa!

Amorosamente,
La maestra de su hijo

CARTA 7

Colocar las verdaderas necesidades de los padres primero, puede enseñarse gratitud

Queridos padres,

No sé cuantas veces he oído la queja del "padre/madre sin egoísmo". "Soy tan buen padre/madre que siempre pongo a mis hijos primero". "No duermo porque necesito estar al lado de mi niño". "Allí me siento para rogar a mi niño que coma". "He pasado toda la tarde conduciendo el auto para que mis hijos puedan disfrutar el futbol, el ballet y el canto". "Realmente no sé por qué después de sacrificarmc tanto mis hijos son tal malagradecidos".

La razón por la que sus hijos no aprecian lo que usted hace por ellos, es porque usted no se puso en primer lugar. Desde que eran pequeñitos usted les enseñó que usted no cuenta y que ellos sí cuentan. Usted es el padre/madre sacrificado porque su niño merece todo el sacrificio del mundo, aunque eso signifique que las necesidades de usted están al final. Pero hay una diferencia entre sacrificarse y convertirse en el tapete o esterilla de la entrada para alguien más. Sin darnos cuenta, nosotros nos convertimos en algo que ellos pueden pisotear.

Nuestros hijos no se percatan de ello porque no conocen otra manera de ser de usted. Siempre han vivido bajo ese modelo. Cuando necesitan algo, se les proporciona sin dudarlo. Así es que ellos no saben mostrar agradecimiento. A pesar de que los enseñamos a decir "muchas gracias", el agradecimiento no se les ocurre. La verdad es que no ven el sacrificio y el esfuerzo que nosotros hacemos para lograr su bienestar. Como todas las otras cosas, la gratitud es algo que debe enseñarse.

Comencemos enseñando a nuestros hijos que "nosotros sí contamos". Nuestros niños deben comprender que tenemos una responsabilidad hacia ellos, pero que podemos elegir lo que hacemos por ellos. También somos responsables de su educación. Pero no tenemos que darles lo mejor de todo. Eso es algo que podemos elegir por el amor que les tenemos.

Nosotros elegimos sacrificarnos y tomar un trabajo adicional para que nuestros niños reciban ese juguete que quieren para la época de fiestas. Nosotros elegimos no comprarnos ese abrigo que queremos para poder pagar los zapatos costosos que quiere el niño, pero que no los necesita. Esto es algo que nosotros elegimos. Desde luego que esas elecciones son producto del amor. Pero nuestros niños no tienen idea de nuestros sacrificios porque no les decimos. Por lo tanto, ellos tienen un sentido exagerado de que merecen todo, en lugar de tener un sentido de agradecimiento.

Debemos explicarles que muchas de las cosas que hacemos, las hacemos porque los amamos. Si ellos no lo entienden, entonces debemos enseñarles lo que es la gratitud. El agradecimiento no va a caer del cielo para nuestros hijos mientras nosotros no les hagamos saber lo afortunados que son por tener todo lo que tienen.

Como padres, necesitamos enseñar a nuestros hijos que "nosotros sí contamos". Nuestros sentimientos y nuestras necesidades también deben atenderse para que nosotros podamos compartir nuestra alegría y no solamente un sentido del deber. Cuando nosotros enseñamos a nuestros hijos que sí contamos, ellos reciben dos mensajes muy poderosos. El primero es que "yo soy importante y lo que hago por ti es porque te amo". El segundo es que les enseñamos como tratar a los demás y cómo tratarnos a nosotros cuando envejezcamos. Si continuamos dando todo a nuestros hijos sin poner límites, solamente tendrán un sentido de merecimiento y muy poca gratitud. Van a convertirse en personas egoístas y egocéntricas.

Dentro de una familia, se espera que todos sus miembros den y compartan. Cuando enseñamos a nuestros hijos que eso esperamos de ellos, sentimos que también ellos nos escuchan y la comunicación con ellos será mucho más sencilla. Ahora, el esfuerzo no es de usted únicamente; su hijo tendrá la capacidad para comunicarse con usted y agradecer lo que usted hace por él.

Amorosamente,
La maestra de su hijo

CARTA 8

Cómo enseñar valores a nuestros hijos con pequeños momentos

Queridos padres,

Si, ser padres es duro. Indudablemente no es fácil. Solamente tenemos posibilidad de actuar lo mejor que podemos, y esperar que lo estemos haciendo bien. Por favor no se desalienten. Ustedes hacen lo mejor que pueden, y eso es lo que más que pueden hacer. Siempre recuérdenlo. Cuando leemos y aprendemos otras formas para ser mejores padres, ese ya es un paso muy importante.

Qué ustedes hagan ese intento, habla muy bien de ustedes. Y, sí, tienen razón; hay muchas cosas que hacemos porque lo vemos en los medios de comunicación. Sí, también pensamos que los medios tienen una respuesta para nuestras necesidades. En ocasiones es cierto, en otras no. Somos nosotros quienes debemos percatarnos qué es lo que los medios están tratando de "vendernos".

No estoy hablando de productos; estoy hablando de ideas. Los medios de comunicación venden ideas grandes y pequeñas. Piensen en que venden todo tipo de ideas, como "es bueno estar delgado", o "si usted compra tal cosa, será extremadamente atractivo(a)". Esas son las ideas de las que hablo. Sin embargo, nos corresponde detenernos y pensar en ellas. Debemos preguntarnos ¿Son para mí?, ¿Por qué?, ¿Por qué no? ¿Quiero que mi niño crezca con esas imágenes y esas ideas? Debemos pensar sobre los conceptos que enseñamos a nuestros hijos y preguntarnos: ¿qué les estamos enseñando? y ¿qué permitimos que los medios les enseñen?

Cuando no tenemos tiempo para escuchar a nuestros hijos y solamente les damos cosas materiales, de alguna manera estamos fallando. Permítanme dar un ejemplo: Hace años estuve en una fiesta muy elegante. Había meseros, cocteles, y todo lo demás. Era impresionante. Durante la fiesta, hubo un momento en que el anfitrión develó un automóvil que era el obsequio de cumpleaños para su hijo. El hijo le dijo "muchas gracias" y se fue. Posteriormente, el muchacho hablaba con sus amigos y les dijo: "fue un obsequio para presumir a sus amigos." Yo era muy joven y no lo entendí. Ahora sí lo entiendo. El joven pensó que su padre había adquirido el auto para poder decir a sus amigos "puedo darme el lujo de regalar esto a mi hijo".

Para mí siempre será un misterio cuáles fueron las verdaderas intenciones del padre. Lo que no es un misterio es lo que el hijo realmente quería. Él quería y necesitaba la atención amorosa del padre. Sin embargo, su padre estaba tan enredado en sus propias necesidades que no pudo ver lo que realmente hacía falta a su hijo.

En ocasiones nos ciega lo que vemos y lo que se nos dice que es lo correcto. Nos olvidamos de preguntarnos con el corazón qué es realmente lo que necesitamos hacer. Nos olvidamos de permanecer quietos y observar lo que nos rodea. ¿Qué nos hace felices? ¿Qué hace felices a los que amamos? ¿Son las cosas materiales? Sí, todos queremos "cosas". Pero ¿qué es lo que realmente nos hace felices?

En realidad son las cosas simples. Voy a compartir con ustedes cuáles son algunos de mis momentos felices cotidianos.

Una de las estrellas de mi día es sentarme a desayunar con mi hija. Todas las mañanas (de lunes a viernes) no importa que tan cansada esté, me levanto a preparar el desayuno. La mesa estará lista con manteles individuales, jugo y café, y ambas disfrutamos esos veinte minutos que son nuestros. Nuestras conversaciones son magníficas. Cuando salgo para ir al trabajo, voy con una sensación de gratitud y amor por mi hija. Ella se queda con la barriga llena y esa sensación de que es importante para su madre. No ha habido obsequios materiales. Sin embargo, le he obsequiado lo mejor que tengo: mi tiempo. Este tiempo dedicado a ella y la atención que le he dado, muestran lo mucho que la amo. Ella sabe que para mí ella lo es todo.

Ahora bien, debo decir la verdad. Siempre he sabido que sentarme a desayunar con mi hija es importante, y lo he hecho tanto como puedo. Luego, hubo fallas. La vida me atrapó y dejé de hacerlo. Todo iba bien, pero sentía que me faltaba algo y realmente no sabía que era. La pista me la dio el libro de Marcus Buckingham *Find Your Strongest Life*. Me mostró el camino de regreso. A lo largo del libro, el Sr. Buckingham nos muestra que debemos buscar esos momentos que nos hacen sentir completos y poderosos; nos dice cómo ver cuidadosamente los pequeños detalles en nuestras vidas y, en ellos, nosotros encontraremos lo que nos hace fuertes y felices. Una vez que los descubrimos, necesitamos encontrar la manera de recrearlos diariamente. Al hacerlo, aumenta nuestra fortaleza. ¡Qué gran lección!

Cuando me percaté de que una de las cosas que más me gustaban era pasar tiempo con mi hija, activamente comencé a crear oportunidades para pasar tiempo con ella. Significa que ya no hablo tanto por teléfono como lo hacía antes. Significa que clasifico las llamadas. Significa que he sido más selectiva respecto a las personas con quienes comparto mi tiempo. Pueden llamarme egoísta, pero no cambiaría por nada. Como padres, debemos ver a quién le damos nuestro tiempo. ¿Por qué les damos tiempo a otras personas que no son de nuestra familia? ¿Es necesario darle tiempo a esas personas quitándolo a quienes verdaderamente amamos? ¿Qué necesidades hay dentro de nosotros que estamos tratando de llenar cuando dedicamos tanto tiempo a intereses exteriores y no a nuestros hijos? Estas son algunas de las preguntas que debemos hacernos.

Al encontrar las respuestas, estaremos listos para escucharnos mejor a nosotros mismos y escuchar mejor a nuestros hijos. Entonces, ya no será necesario comprar autos costosos para mostrarles a nuestros hijos que los amamos. Nuestro amor por ellos fluirá en muchas otras formas que son gratificantes para nosotros y para aquellos a quienes amamos; dicho de otra manera, nuestra familia.

Agradezco que hayan escuchado mis pensamientos. Por favor estén seguros que yo he tratado de escuchar con el corazón abierto los comentarios de ustedes. Espero haber comprendido lo que tratan de decirme y, lo que es más importante, agradezco me permitan compartir con ustedes las percepciones que para mí tienen gran valor.

Amorosamente,
La maestra de su hijo

CARTA 9

Aprender a auto-regularse y comunicarse

Queridos padres,

Como padres, en ocasiones nos olvidamos de labrarnos un poco de tiempo para nosotros. Consideramos las necesidades de todos los demás, pero olvidamos las propias. Es importante poner atención en lo que requerimos para ser personas sanas y felices. Cuando nosotros ponemos atención a lo que necesitamos, enseñamos a nuestros hijos una lección maravillosa. Les enseñamos a auto regularse, lo que quiere decir que ellos aprenden a escuchar lo que necesita su corazón, su cuerpo, su mente y su alma. Al poner atención a lo que sus sentimientos interiores les están diciendo, aprenden a entenderse a sí mismos y a conocer lo qué es verdaderamente importante en sus vidas.

¿Cómo podemos enseñarles esta difícil habilidad, que la mayoría de nosotros no ha dominado? Los enseñamos al servir de modelo para lo que queremos que nuestros niños emulen. Comencemos por escucharnos a nosotros mismos, cosa que puede ser difícil porque estamos muy acostumbrados a seguir adelante en piloto automático.

Corremos de un lugar a otro, con la esperanza de tener suficientes horas en el día para completar todo lo que necesitamos hacer. No comemos adecuadamente porque tenemos que correr, correr y correr. No nos detenemos a reunir nuestros pensamientos porque tenemos mucho que hacer. No tomamos esa, tan necesaria siesta porque debemos lavar los platos. Todas estas cosas que tenemos que hacer son importantes, pero es más importante enseñar a nuestros niños como cuidarse ellos mismos de la misma manera en que nos cuidamos nosotros.

Cuando nos detenemos y tomamos ese tan largamente necesitado descanso y les decimos a nuestros hijos "Te voy a ver jugar pero, ahora, primero necesito sentarme y tener unos momentos de silencio". Con eso les enseñamos dos cosas: 1) que nosotros nos consideramos importantes, y 2) que somos capaces de cuidarnos. No necesitamos que alguien más nos haga sentir bien sobre lo que somos. En otras palabras, estamos modelando la conducta que queremos. Con eso, nosotros le decimos a nuestro hijo, "Soy capaz de escuchar lo que necesito y me aseguro de cubrir esas, que son mis necesidades.

Si nos detenemos y cubrimos nuestras necesidades, es necesario decirles a nuestros hijos lo qué estamos haciendo y por qué. El diálogo que entablemos con ellos será el que ellos comenzarán a emular en su propia mente. "Estoy cansado, he corrido mucho, pero ahora necesito descansar." Este ejemplo parece sencillo, pero es muy poderoso porque queremos que nuestros niños se escuchen a sí mismos, que entiendan lo que sus voces interiores les dicen.

Es muy necesario que nuestros hijos entiendan y escuchen aquella, su propia vocecita porque puede llevarlos a un lugar mejor. ¿Recuerdan a Pinocho? Él no sabía escuchar aquella vocecita ¿verdad? Es importante escuchar nuestra propia vocecita interior.

Cuando nosotros lo hacemos, normalmente nos colocamos en un lugar mejor, y cuando estamos en un lugar mejor, es más sencillo comunicar nuestras necesidades y nuestras ideas a los demás, lo que me permite decir que yo he atestiguado que los niños sí comunican.

He podido atestiguar tres formas en que los niños se expresan. Permítanme explicarlo, para que ustedes puedan comprender lo que su niño trata de decirles.

1. Dicen directamente lo que quieren. Lo que dicen es como una flecha que va del punto A al punto B. "Quiero chocolates". Allí no hay misterios; sabemos qué quieren.

2. Dan muchas vueltas en círculos cuando quieren explicar algo. Su explicación parece espiral y van de una cosa a otra sin mucha coherencia. Por favor entiendan que lo que sus hijos tratan es de tener sentido en lo que dicen. No alcanzan a darle forma a lo que están tratando de entender, mientras hablan, y toman trocitos de todos lados pegándolos juntos.

Debemos ser pacientes. Ellos están haciendo un esfuerzo por entender lo que piensan. Son muchos los conceptos que deben conjuntar para tener una idea coherente. Este proceso no es fácil. Hay muchos adultos que también batallan para tratar de darle sentido a lo que expresan. No es que los niños no puedan pensar, es que ellos tratan de darle una forma coherente a ese conjunto de ideas.

Necesitamos permitir a nuestros hijos que se expliquen y ayudarles a lo largo de ese proceso. No les pidamos que lo hagan rápido. Tener paciencia es frecuentemente lo que más trabajo nos cuesta porque es muy frustrante esa espera, sobre todo cuando tenemos muchas cosas que hacer. La única manera de ser mejores al conjuntar ideas dentro de una expresión coherente es la práctica. ¿No creen que sería bueno permitir a nuestros hijos que practiquen con nosotros?

3. Saltan de un asunto a otro. En muchas formas, esta explicación parece obvia y similar a la segunda que describí anteriormente, salvo que en este caso los niños no dejan de hablar. Escucharlos es como cambiar de una estación de radio a otra. Parece que estos niños piensan mucho más rápido de lo que pueden hablar. Articular las ideas no representa problema. Es obvio que tienen muchas ideas y opiniones. En ocasiones el escucharlos resulta abrumador porque tienen mucho que decir y saltan de un asunto a otro, sin que lo que dicen tenga mucho sentido. Sin embargo, sus ideas son buenas. Necesitan una caja de resonancia (usted y yo) que los escuche y les ayude a ordenar sus ideas.

Se reconoce este tipo de comunicación cuando los niños están muy excitados. Debemos recordarles a esos niños que se tranquilicen, y que piensen qué es lo que realmente quieren decir. Como adultos, necesitamos ayudarles a ordenar sus pensamientos para que aprendan a comunicarse exitosamente. Aquí, repito, el proceso requiere paciencia, mucha paciencia de parte nuestra. Pero si tenemos éxito en ser pacientes y ayudamos a nuestros hijos a ordenar sus ideas, verdaderamente estaremos ayudándole a cada uno de ellos a que comuniquen sus ideas y sus pensamientos a sí mismos, y ese sí mismo, ese yo, es la principal persona en la vida del niño. Cuando los escuchamos y les ayudamos a organizar sus pensamientos les ayudamos a entender qué es lo que ellos necesitan auto-regular. Este proceso es desafiante tanto para ellos como para nosotros que escuchamos, pero hay que hacerlo. (Estas ideas se unen a la manera en que escriben nuestros niños, cosa que explicaré en otra carta).

Tengo la esperanza de que ustedes descubran cuál de estas tres formas describe de mejor manera cómo se expresan sus hijos; una vez que ustedes entiendan cuál es el proceso a través del que se expresa su hijo, será mucho más fácil escucharlo. Si los observan con detenimiento, también podrán darse cuenta sobre estos patrones de comunicación.

Como siempre, les agradezco que me escuchen.
Amorosamente,
La maestra de su hijo

CARTA 10

La conexión de nuestras ideas y lenguaje oral con la escritura es la clave del éxito

Queridos padres

Ustedes me pidieron que les presentara tres tipos de comunicación, y así lo hice en mi carta anterior. Ya observé a sus hijos. Ya puse atención a lo que dicen y cómo lo dicen. Para mí fue importante porque la manera en que hablamos dice mucho sobre cómo pensamos y cómo procesamos nuestras ideas. Al ser yo la maestra, mi principal objetivo es crear personas que en el futuro sean pensadores y aportadores a nuestra sociedad.

Como maestra de lenguaje, que los enseña a redactar y escribir, he observado que la mayoría de mis estudiantes tienen dificultades para comunicar sus ideas. Inicialmente pensé que este problema era resultado del procesado por escrito de sus ideas; después de todo, escribir es una habilidad difícil de dominar. Así que continué buscando ideas y técnicas distintas que sabía podrían ayudarles, pero no lograba avanzar mucho. Me sentía tan frustrada que comencé a pesar que, como maestra, algo estaba haciendo mal. En aquel entonces yo estaba tomando un curso sobre la forma de ayudarles a los niños sobredotados para tener éxito, y el profesor dijo algo que me llamó poderosamente la atención, "Nosotros escribimos de la misma manera que hablamos". ¡BRAVO! Al siguiente lunes comencé a escuchar a mis alumnos. Lo digo muy seriamente. Los escuché cómo hablaban. Puse atención sobre la forma en que hablaban entre ellos durante el recreo, en el almuerzo, o en clase, pero muy especialmente, como hablaban e interactuaban con sus padres a la hora en que venían por ellos a la escuela y en cualquier otro momento en que podía escucharlos. Puse también atención sobre la manera en que hablaban los padres con sus hijos cuando estaban comprando alimentos.

Desafortunadamente, no decían mucho. Los padres casi siempre estaban en el teléfono y tomaban las cosas del supermercado mientras los niños hablaban entre sí, o se divertían con juguetes electrónicos, o bien molestaban a sus padres para recibir algo de atención. De vez en cuando observé que algún padre o madre hablaba con su hijo, y sentí gran alegría.

Me percaté de que la mayoría de mis estudiantes tenían dificultades para expresar sus ideas. Muchos no podían contestar cómodamente a una sencilla pregunta de "por qué". Realmente tenían dificultades y se sentían frustrados. En lugar de hacerlo, decían alguna tontería graciosa y bromeaban o se quedaban callados. Aquellos que no respondían generalmente tenían temor de cometer un error y ser vulnerables. Los que hacían bromas decían tonterías para darse la posibilidad de salir airosos si era necesario. En muchas formas, esta situación me recordaba un estudio que leí hace varios años sobre la manera en que algunas mujeres se comunican. Hay muchas que dicen algo como "Pienso que esto podría ser importante porque..." En este caso lo importante fue que dijeron "Pienso" porque en caso de que se les confrontara o desafiara esa expresión les da oportunidad de tener una salida. También muchos de mis estudiantes han creado formas de darse una salida y no expresar realmente lo que piensan. Me dio gran tristeza descubrir eso y me percaté que necesitaba crear un medio para que ellos pudieran expresarse.

La comunicación verbal de mis estudiantes estaba afectando su habilidad para escribir. Así que comencé a escuchar, y fue entonces cuando observé los patrones que describí anteriormente. Estas observaciones han sido uno de los principales motivadores para estas cartas y este libro.

Por favor acepten que tengo un profundo interés en el bienestar de sus hijos; esos niños son míos parte del día. Al conocerlos individualmente veo sus personalidades y no puedo evitar sentir cariño por ellos. Creo que la mayoría de los maestros sienten lo mismo por sus alumnos. Pero también creo que yo hablo por la mayoría de los maestros cuando digo que los maestros no podemos hacerlo todo.

Los maestros solamente disponemos de tiempo limitado con sus hijos, y gran parte de ese tiempo está dedicado a la enseñanza y las prácticas con varios estudiantes. Parte de ese tiempo también se ocupa a las tareas administrativas que debemos completar de acuerdo con los requisitos que imponen el estado y la escuela. Para ayudar a sus niños a tener éxito académico, necesitamos su ayuda. ¿Pueden ayudarnos ustedes, los padres, conversando con ellos más frecuentemente? Eso es muy necesario.

Cuando ustedes hablan con sus niños los enunciados que sus hijos emplean se vuelven más largos y más coherentes. Las ideas de sus hijos serán más claras para ellos y para los demás. Ellos podrán compartir sus ideas y podrán recibir de ustedes retroalimentación, lo que les permitirá crear puntos de vista más firmes. Podrán escuchar de sí mismos lo que piensan, y podrán embellecer sus ideas y sus pensamientos. Ellos se percatarán de sus pensamientos y sabrán que tienen algo valioso que decir. Sabrán que son capaces de aportar mucho a sí mismos, a sus familias, a sus comunidades, a su país, y de manera más importante a nuestro maravilloso mundo. Ellos sabrán que pueden hacer la diferencia.

Por favor ayúdenos a ayudar a sus hijos.
Amorosamente,
La maestra de su hijo

CARTA 11

Cuando escribimos, aclaramos nuestros pensamientos

Queridos padres,

Entiendo que cuando leyeron la carta anterior surgieron algunas preguntas. Creo, sin embargo, que la más importante es la manera en que se interrelacionan la conversación y la escritura. Gracias por preguntarlo. Permítanme tratar de responder con una anécdota personal.

Hace algunos años conocí al Dr. Wayne Dyer. Había terminado una presentación y varias personas se acercaron a pedir su autógrafo. Yo fui una de ellas. Tuve la suerte de preguntarle cómo podría convertirme en alguien que hablara en público tan bien como él. Volteó a verme y me dijo que no sabía. Pero el Dr. Dyer se quedó pensando y me dijo que necesitaba escribir porque eso ayudaría a aclarar mis pensamientos.

Yo no estaba segura de su consejo porque soy disléxica y escribir es difícil para mí. Pero al pensar sobre de ello, me di cuenta que tenía razón. Mis pensamientos estaban dispersos por todos lados. Mi cerebro normalmente saltaba de un pensamiento a otro, y nunca terminaba, ni completaba una idea. El caos era aparente en la forma en que yo hablaba. Hablaba muy rápido, como mil palabras por hora, y con dificultades me detenía a respirar. ¿Cómo podía yo pedirle a alguien que siguiera mis patrones de pensamiento cuando la mitad del tiempo, yo no tenía idea de cuáles eran mis pensamientos?

Igual que siempre, si existe la necesidad y el deseo de mejorar, los maestros aparecemos. En este caso se trataba de mis queridos amigos. Ellos escuchaban e indicaban con pequeñas ideas o frases cómo no dispersarme; me obligaban a detenerme y a pensar lo que estaba diciendo. No se trataba de que mis ideas fueran malas o equivocadas; simplemente no estaban claras. Era necesario definirlas y aclararlas. Ahora mis patrones del lenguaje son diferentes porque realmente me dediqué a mejorar como maestra y como escritora.

Aprendí a escuchar lo que mis amigos decían. Sus comentarios y preguntas fueron importantes porque eran clave para que ellos entendieran mi lenguaje disperso. En otras palabras, ¿Expresaba claramente mis ideas? ¿Qué tan claramente? ¿Qué era lo que debía aclarar y por qué? ¿Había expresado lo que quería decir, o nada más estaba dando vueltas sin enfocarme el tema y pensando que lo había hecho? Todas esas preguntas y muchas más se convirtieron en una parte importante del discurso con mis amigos. Necesité retroalimentación para ayudarme a aclarar mis pensamientos. Permítanme decirles que todavía sigo trabajando en tener claridad cuando pienso y cuando hablo. La mayoría de nosotros necesitamos escucharnos hablar para comprender si lo que decimos está claro. Voy a darles un ejemplo.

Cuando les digo a mi esposo y a mis hijos "No me gusta la manera en que limpian el baño después de que se bañan". Yo creo que lo que dije está claro. Sin embargo, ellos dicen que está limpio. Por lo que respecta a ellos, las toallas están en su lugar y no dejan ropa en el piso. Esta es su definición de limpieza. Cuando me preguntan por qué pienso que no está limpio, puedo discutirlo con ellos. Debido a que no compartimos la misma definición de "limpieza", tengo que definirla para ellos. Entonces, necesito hacerles saber que deben limpiar y secar el lavamanos, cerrar el tubo de pasta dental, colocarlo en su sitio, y además levantar las toallas y la ropa sucia. Estas interacciones son las que ayudan a aclarar ideas. Las definiciones y el lenguaje específico proporcionan claridad a la mente y esperamos que también les brinde tranquilidad. Sin embargo si no lo expreso en voz alta, voy a estar dándole vueltas en mi cerebro sin entender si hubo claridad en lo que dije para que todos podamos disfrutar de un baño limpio. La clave para una mayor comprensión entre los seres humanos es entender que hay falta de comunicación en lo que decimos y lo que queremos decir.

Todos creemos que hablamos claramente, pero ¿realmente lo hacemos?

Estas pequeñas discusiones y conversaciones nos ayudan a pensar mejor porque intercambiamos las ideas y las diferentes percepciones. En determinada situación pierde importancia si tenemos razón o no. Lo importante es expresar lo que sentimos y respaldar nuestras ideas. En otras palabras, estamos pensando y produciendo nuevos pensamientos.

Ahora bien, ¿de qué manera afecta nuestra forma de escribir esta necesidad de claridad en nuestros pensamientos y en nuestro lenguaje? ¡Enorme! No podemos escribir lo que no pensamos. Nuestra escritura es un espejo de lo que sucede en nuestro cerebro. ¿Entendí el concepto? ¿Qué fue lo que no entendí? ¿Estoy reflejando lo que entendí? Todas son preguntas que se expresarán en nuestra escritura. Necesitamos poner en orden nuestros pensamientos para poder expresar nuestras ideas. Así de sencillo. Sin embargo, muchos de nosotros batallamos con el lenguaje escrito porque es una de las habilidades más difíciles de aprender en la escuela, y no tenemos la oportunidad de recibir retroalimentación entre nosotros mismos.

La mayoría de los maestros que conozco (y tengo la fortuna de trabajar con algunos maestros increíbles) enseñan y modelan la manera para pensar ideas en formas más claras. Pero, aquí nuevamente, necesitamos la ayuda de ustedes. Cuando ustedes discuten ideas y conceptos con sus hijos, les ayudan a crecer y a practicar lo que nosotros les enseñamos. Les ayudan a poner claridad en sus pensamientos. Al día siguiente, ellos llegan a la escuela con ideas nuevas y desafían a sus compañeros de clase con estos nuevos puntos de vista. Repentinamente, nuestro salón de clase se llena de vida porque los niños se percatan que tienen algo que decir. ¡TIENEN VOZ! Sí, tienen una voz y muchas ideas frescas e interesantes que expresar. En este punto, están listos para comenzar a pensar sobre la escritura.

Ahora, voy a dejarlos para que piensen sobre esto. Por favor desarrollen sus propias ideas sobre lo que se ha dicho respecto a la relación entre pensamiento, lenguaje y escritura. Saquen sus conclusiones porque la manera en que ustedes traten este tema será la fuerza que guíe los pensamientos de sus niños.

Prometo que la próxima carta tratará la manera en que nosotros, los maestros, usamos esta poderosa voz que su hijo descubre. Sí, aplicaremos toda esta información a la escritura.

Como siempre, les aseguro cuentan con mi respeto y mi agradecimiento. Gracias por escuchar y convertirse en aliados en la educación académica de sus hijos.

Amorosamente,
La maestra de su hijo

CARTA 12

Escribir nos ayuda a descubrir nuestra voz

Queridos padres:

Tal como les prometí, hare mi mejor esfuerzo para explicar la relación que existe entre conversar con nuestros hijos y lo que significa escribir.

Escribir es una habilidad que está formada por muchos componentes individuales. El desarrollo de cada uno de ellos es importante para que un niño se convierta en un poderoso escritor. Sin embargo, el ingrediente clave es la convicción de que algo es suficientemente importante para decirlo. Cuando descubrimos la propia voz, se abre una caja mágica con posibilidades ilimitadas –descubrimos nuestra habilidad para pensar y decir lo que pensamos. Y lo mejor es que nos percatamos que lo que tenemos que decir es importante y puede influenciar a otros.

Recuerden que las grandes ideas pueden cambiar al mundo, pero las ideas pequeñas son las que lo transforman. Estas ideas pequeñas aparecen como pensamientos individuales, y si se les nutre tienen posibilidades ilimitadas. Por favor piensen en Gandhi. En lugar de crear una revolución violenta para liberar a la India del dominio británico decidió encontrar otra solución. Sus marchas pacíficas comenzaron con una idea pequeña. Inicialmente es casi seguro que la mayoría de las personas dudaban que tuviera éxito; sin embargo, su "pequeña idea" prevaleció y ha transformado el mundo.

Este mismo principio se aplica a nuestros hijos. Cuando ellos conversan con ustedes, les explican lo que piensan y por qué lo piensan. Ustedes son, de muchas maneras, quienes alimentan las ideas que están naciendo en su mente. Si ustedes se detienen y les preguntan "¿por qué?" ellos piensan algo, ustedes se sorprenderán muy agradablemente de descubrir que sus hijos pueden ser muy lógicos. Déjenme darles un ejemplo que yo atesoro.

Cuando yo estaba leyendo la serie de Harry Potter, mi hija me pidió que se la leyera. Ella tenía únicamente cuatro años y me pareció que no entendería, pero de todas formas decidí leerle los libros. ¡Yo estaba equivocada! Ella se sentaba y jugaba sobre la alfombra mientras yo leía en voz alta. Cuando yo me detenía, ella me pedía que continuara. Y así lo hice.

Comenzamos a conversar sobre las tramas de los libros y los personajes. Ella creaba sus propias teorías sobre lo que pasaría después. En otras palabras, estaba pronosticando. Muchos de sus pronósticos eran correctos y otros no. Pero ella estaba pensando, y eso la llevó a escribir. ¿Cómo es posible? Ella solamente estaba comenzando a aprender las letras. Y fue muy sencillo, pues comenzó a dibujar sus pronósticos. Ella tomaba lo que pensaba que pasaría y me lo dibujaba.

Ahora bien, ustedes me pueden decir que dibujar no es escribir, pero ese es el primer precursor. Pídanle al niño que les diga de qué trata el dibujo. Seguramente recibirán una historia completa sobre unos sencillos rayones. Sin embargo, para el niño eso es más que meros rayones. Por eso digo que dibujar es el precursor de escribir. Es la manera en que todos comenzamos a comunicar nuestras ideas escritas. De muchas formas, es la concreción de que podemos tomar un concepto abstracto y hacerlo visible a todos. Por lo tanto, dibujar es escribir, y como tal, debemos aplaudir el esfuerzo de nuestros niños. Esos esfuerzos son importantes y nuestros hijos deben saberlo. Nuestras palabras y la manera en que los alentamos es lo que hace la diferencia en la mayoría de los casos.

Seguramente ustedes se preguntan: ¿qué papel tiene la maestra en todo esto? Bueno, pues la maestra ayuda a que la recién encontrada voz de los niños se desarrolle en dos formas. La primera es continuando la expansión de lo que ya se estableció en el hogar. Los maestros presentarán ideas y conceptos que llevan como finalidad que el niño piense, explore y amplíe aquello que ya conoce.

Al continuar explorando, los niños comienzan a aprender habilidades de pensamiento crítico. Deseo aclarar este punto porque frecuentemente nos preguntamos en que puede contribuir un mayor conocimiento de, quizá, algo como la Segunda Guerra Mundial, a mejorar la vida de nuestro hijo. Bien puede hacerlo, o quizá no. Pero lo que la maestra trata de lograr al presentar esos temas, es desarrollar las habilidades para generar el pensamiento crítico de los niños. No es fácil enseñar a un niño. El pensamiento crítico no es algo que se enseña o se aprende fácilmente. Sin embargo, es extremadamente necesario si queremos crear individuos que puedan navegar a través de la vida.

Pensemos ahora sobre la película *Un sueño posible* (*The Blind Side)*, que trata sobre un joven que finalmente llega a ser jugador en la NFL. Al estar aprendiendo a expresar sus propios pensamientos e ideas, se encuentra batallando porque necesita un tutor que le ayude a tener éxito en la escuela. En la película hay un momento en que su tutora trata de ayudar al estudiante a escoger un tema para escribir un ensayo que determinará si el estudiante se gradúa o no. Ella le ofrece varias opciones, pero ninguna parece detonar la chispa que genere su interés. Sin embargo, cuando ella involucra al padre del estudiante en la discusión, allí aparece la conexión. El padre establece la relación y conecta la tarea de lectura y escritura con el futbol, y el trabajo cobra vida. Allí hay una conexión de ideas y, repentinamente, las batallas en el campo de la guerra son similares a las que se encuentran en el campo de futbol, por lo que el estudiante puede escribir el ensayo en el que sus ideas muestran la comprensión de lo que se dice. No es solamente eso, sino que él puede relacionarse con el tema en un nivel personal.

Cuando se establece una conexión personal, nosotros usamos el orden más alto de nuestras habilidades de pensamiento. Una vez que se establece la conexión, comenzamos a pensar en términos abstractos y creamos nuestros propios conceptos. Comenzamos a desafiar aquello que ya se sabe y se considera verdad. En este punto, comenzamos a cuestionar lo que nos presentan ya sean nuestros mayores, una persona famosa, un político, y aun los medios de comunicación. Pero lo más importante, es que esto debe suceder si queremos crear seres humanos que piensen, que puedan resolver problemas y que brinden fuertes contribuciones a nuestra sociedad.

Quiero que ustedes consideren lo que acabo de explicar. Piensen sobre de ello y encuentren sus propias ideas. De ser necesario, contradigan y desafíen lo que yo expreso. No voy a ofenderme. Todo lo contrario, sabré que he tenido éxito ¡porque logré que ustedes piensen en esto! Que ustedes piensen sobre este proceso de comunicación es muy importante porque esos pensamientos crearán dentro de ustedes la convicción de ayudar a sus hijos. Se tiene la esperanza de que esa convicción los mueva en la dirección en que nosotros (los maestros) necesitamos su ayuda: el lograr que sus hijos se conecten con ideas y conceptos.

Estoy consciente de que les dije que hay dos formas que los maestros usamos para enseñar a sus niños a escribir. La primera, es ayudando a los alumnos a expresar sus ideas. En otras palabras, ¿cómo procesan lo que han aprendido y lo explican verbalmente? Recuerden, nosotros escribimos lo que sabemos. En las siguientes cartas explicaré la segunda forma. Por ahora, los dejo para que piensen sobre todo lo que se ha dicho.

Como siempre, no sé cómo agradecerles lo suficiente por escucharme. Espero que en estas cartas encuentren una verdadera guía.

Amorosamente,
La maestra de sus hijos

CARTA 13

Niveles de pensamiento: ¿cómo los desarrollamos?

Queridos padres:

Antes de pasar a otro tema para hablar de la segunda forma en que los maestros ayudan a sus niños a escribir, quiero conversar sobre las habilidades de pensamiento que nosotros ayudamos a sus hijos a desarrollar. Espero poder pintar ante ustedes con claridad el panorama que permita que ustedes, los padres, comprendan con claridad dónde se encuentran los niveles de pensamiento de sus niños. Comprender cuál es su nivel actual de pensamiento representa una herramienta muy poderosa. Nos permite ver qué necesitamos hacer para ayudar a nuestros niños y estudiantes a avanzar en la manera de pensar.

Creo que lo mejor que puedo hacer para explicarlo es darles un ejemplo. Ayer hablaba yo con uno de mis estudiantes sobre aquello que era importante para él. Mencionó varias cosas que consideraba importantes. Su futbol, su casa, y sus padres estaban entre lo que tenía mayor importancia para él. Lo que este niño hacía durante nuestra conversación era algo muy sencillo. Estaba evocando la información.

Evocar la información no es una habilidad difícil. Tratamos de recordar una lista, un evento, algunos detalles y podemos evocarlos como parte de lo que sabemos o hemos aprendido. Todos nosotros constantemente evocamos información. Es una habilidad sencilla que surge naturalmente y aun cuando no nos percatamos que existe, está allí todo el tiempo.

Durante la conversación, le pregunté a mi estudiante por qué esas cosas eran importantes para él. Sus respuestas fueron reconfortantes y estaban llenas de comprensión. Él creía que sus padres lo apoyaban en todo momento cuando las cosas se ponían difíciles en su vida. Le mostraban apoyo ayudándole a prepararse para las pruebas estandarizadas que deben presentar todos los niños en el estado de Illinois. Esa respuesta parece sencilla. Sin embargo, está llena de entendimiento y comprensión. Este estudiante logró comprender lo importante que él es para sus padres. Aquí, nuevamente, esta es una habilidad sencilla.

Normalmente nosotros evocamos la información y tratamos de comprenderla. Es algo que hacemos todo el tiempo. Para todos nosotros entender es importante. Hay ocasiones en que nos "atoramos" porque no podemos comprender las intenciones o los motivos de algunas personas. Una vez que los entendemos, tenemos la libertad de avanzar. Así que la comprensión es una habilidad que rebasa el hecho de evocar información.

La siguiente pregunta que le hice a mi alumno fue por qué él pensaba que era importante para sus padres. Eso lo hizo pensar. Comenzó por describir diferentes eventos en su vida y trató de entender por qué sus padres hacían determinadas cosas para él. Mientras pensaba sobre lo que sus padres hacían por él, comenzó a darse cuenta que ellos hacían lo mismo por sus hermanos y su hermana. Por lo tanto, las ideas y conductas de sus padres no iban dirigidas exclusivamente a él. ¿Por qué, entonces, aplicaban estas conductas a otros miembros de la familia?

Este proceso de cuestionamiento es importante porque muchas veces nosotros sabemos y entendemos algo, y necesitamos ver que es aplicable a más de una situación. Estas ideas pueden transferirse a otros. En otras palabras, podemos aplicar estas ideas a otras circunstancias. En el caso de mi alumno, él se percató que se le daba el mismo trato que a sus hermanos.

Nuestra conversación continuó. Comenzamos a enfocarnos sobre por qué a él se le daba un trato similar al que se daba a sus hermanos. ¿Por qué sus padres esperaban que tanto él como sus hermanos estudiaran? Al hacer un análisis más a fondo, se percató de que sus padres realmente aman tanto a sus hermanos y hermana como a él. ¡Qué descubrimiento tan poderoso! Cuando habló de haber descubierto esto, le brillaron los ojos.

Había llegado a un saber nuevo. Había descubierto algo mágico. Sí, siempre había sabido que sus padres lo amaban. La diferencia es que ahora realmente sabía lo que eso significaba. Inicialmente, sus palabras fueron muy simples: "Mamá y papá me aman". Ahora tenía ese *saber deliberado* que nadie podía quitarle. Cuando analizamos, nuestro entendimiento se profundiza, y eso pueden verlo en el pensamiento de mi estudiante.

Mi siguiente pregunta para él fue que por qué pensaba que sus padres lo amaban. Su respuesta inmediata fue "Pues porque son mi mamá y mi papá". Pero le dije, "Eso lo sé yo y lo sabes tú. Mi pregunta es ¿por qué crees que ellos te aman a ti?" Reaccionó como no sabiendo la razón. Comenzó por ofrecer una lista de ideas sobre por qué sus padres lo amaban. Las revisamos para tratar de decidir si eran ciertas o no. ¿Era esto, o aquello?

Al final decidió que sus padres lo amaban porque siempre habían querido un niño como él. ¡Estaba resplandeciente! Ahora bien, por favor piensen sobre este proceso; este pequeño tuvo que colocar juntos TODOS los conceptos y sintetizarlos. ¿Qué era lo que sabía? ¿Cómo lo sabía? ¿Cómo se sentía debido a todo eso? Estas eran algunas de las preguntas que estaban aclarándose para él. La imagen que se formaba en su cerebro era muy poderosa. Iba más allá de solamente saber "Mis padres me aman".

Lo único que no hicimos fue juzgar el amor de sus padres. Nadie puede juzgar el amor que un padre o madre siente hacia sus hijos. Mi alumno estaba feliz y eso era lo importante. Sin embargo, si quisiéramos profundizar en las habilidades de pensamiento, deberíamos evaluar el amor que sus padres sienten hacia él. ¿Es amor verdadero? ¡Por supuesto que sí! En este caso no es necesario pensar más. Hay ocasiones en que no debemos seguir pensando, sino solamente aceptar y disfrutar nuestros descubrimientos. Esa es la mejor parte de llegar a ese descubrimiento – la persona puede sentarse a saborear la nueva información.

Como pueden ver en este ejemplo, los tomé de la mano para que me siguieran por el laberinto de los pensamientos. Pensar no es un proceso sencillo. Cada una de sus etapas se construye sobre alguna etapa anterior. Hay ocasiones en que las distintas etapas se entrelazan porque pensar no es ni tan fácil ni tan sencillo. Debemos adiestrarnos para trabajar durante el proceso. Una de las mejores maneras para hacerlo es guiar el pensamiento de sus niños conversando con ellos. Ellos pueden responder a preguntas sencillas; por ejemplo, ¿quién? ¿qué? ¿cuándo? ¿dónde? ¿por qué? y ¿cómo? Y ese es un gran paso para llegar a este objetivo. Cuando nosotros conversamos con nuestros hijos, verdaderamente los estamos guiando en su manera de pensar.

Les agradezco que piensen sobre este tema. Nosotros, como maestros, sabemos que podemos contar con su ayuda.

Amorosamente,
La maestra de su hijo

CARTA 14

Construcción de nuevas ideas: mientras aprendemos y pensamos

Queridos padres:

En la carta anterior, les hablé sobre la manera en que el pensamiento se construye sobre sí mismo. Hay una secuencia de etapas que nosotros seguimos al pensar. Hacemos andamios para escalar nuestros pensamientos. Les explico a mis alumnos que "nosotros hacemos magia cuando pensamos". ¡Imagínense! Tomamos diversas ideas y las mezclamos. La magia estriba en que creamos una nueva idea y si actuamos sobre ella al escribirla o convertirla en realidad, la magia es aún más grande. Pues bien, este proceso también tiene un componente académico. El siguiente ejemplo debe aclararlo.

Digamos que su hijo está aprendiendo a leer. La primera habilidad que aprenderá el niño es a reconocer las letras en el alfabeto. El resultado de este proceso es que ese niño verá una letra y recordará el nombre que tiene. Cuando él recuerda el nombre de la letra, demuestra su conocimiento. Lo que él sabe es el nombre de la letra. La letra "A" se llama letra "A". Así pues cuando los niños cantan la "Canción de las Letras" (♫ *Primero la A* ♪.♪., *y luego la B* ♫, *según Cri-Cri*) nos demuestran que conocen una canción, pero no necesariamente las letras. Muchos de ellos no reconocen todavía las letras individuales y es necesario enseñarles que son parecidas. Ese conocimiento llegará con el tiempo.

El siguiente paso en el andamiaje del pensamiento, es la comprensión. Vemos cómo se desarrollan las habilidades conforme nuestros niños aprenden que cada letra tiene un sonido que le es exclusivo. Así pues, nuestros hijos avanzan en las habilidades de pensamiento porque pueden comprender que las letras tienen un sonido que es exclusivo para cada una de ellas.

Lo siguiente es aplicar lo aprendido al reconocer las letras y sus sonidos y mezclarlas para formar palabras sencillas. Sin embargo, aplicar lo que aprendemos no siempre es sencillo. Es necesario enfocarnos en lo que hacemos y dedicarnos a ello. Con horas de práctica, podremos hacerlo de manera automática; pero, nuevamente, se logrará con muchas horas de práctica. Les digo esto porque la mayoría de los maestros necesitan que ustedes ayuden a sus niños a practicar la lectura.

Cuando su hijo está batallando para "conjuntar" los sonidos, eso significa que todavía se encuentra descodificando. Eso indica que está aprendiendo a acomodar los sonidos juntos, y casi seguramente no tendrá comprensión o será muy poca. Los niños requieren muchas horas de práctica para mejorar la fluidez, que se presenta después que hayan aprendido a descodificar palabras y letras. Una vez que logren fluidez en la lectura, podrán enfocarse en el significado del texto, y finalmente podrán leer. Mientras no haya comprensión no habrá lectura, aun cuando ellos expresen muy bellamente el sonido de las palabras. Para lograr una verdadera lectura, su hijo casi seguramente requerirá prácticas de uno-a-uno. Esta práctica solamente se impartirá adecuadamente en casa con el mejor maestro o maestra: ¡usted! Siéntese con los niños y pídales que le lean. Nuevamente, nosotros, los maestros, les enseñamos la habilidad, pero debido a la limitación de tiempo que tenemos y la gran cantidad de enseñanza académica que debemos cubrir, necesitamos la ayuda de usted. La diferencia en el aprendizaje será enorme cuando su niño practique con usted las habilidades que se le enseñaron en la escuela. La práctica es lo que hace la diferencia en cualquiera de las habilidades que nosotros enseñamos. Recuerde que la verdadera lectura se logra cuando entendemos lo que estamos leyendo, no cuando decimos las palabras en voz alta y de manera fluida. Cuando no hay comprensión no hay lectura, porque leer es la transmisión de ideas.

Entonces, el siguiente paso después que nuestros hijos tienen fluidez para descodificar las palabras en la página escrita, es preguntarnos: "¿Entiende mi niño lo que dice esa oración o enunciado, el párrafo, el capítulo, o el libro?" Cuando la respuesta es "No" su niño no está leyendo, solamente está descodificando. No importa qué tan rápido descodifique el niño, cuando no hay comprensión de lo que dijo no está leyendo.

Como ven, leer es tomar ideas de lo que se encuentra en forma escrita, pero si no hay transmisión de conceptos, no se está leyendo. Así de sencillo. Cuando nos concentramos y enfocamos en las ideas que presenta el autor, comenzamos a analizarlas y elaboramos conexiones. Algunas conexiones son muy simples. "El niño del libro es como yo." Otras ideas podrán ser más complejas. "Oye, no somos tan distintos de los niños de China". Esto lo aclara, pues constantemente estamos analizando mientras leemos.

El siguiente paso es sintetizar, esto es, conjuntar todo lo que sabemos. Esta etapa incluye aquello de lo que hablamos en la cena, lo que vemos y escuchamos en TV, quizá lo que oímos en el supermercado, o lo que leemos. Todas estas ideas que tomamos de aquí y allá las discutimos con nuestros compañeros y colegas. Necesitamos conjuntarlas y crear nuestras propias ideas. Cuando lo hacemos, nuestras perspectivas comienzan a cambiar. Lo que pensábamos de una forma, ahora parece ser un poco más complejo. Hay quienes ven la situación de otra manera, ¿por qué? ¿Tengo yo razón o la tienen ellos? Nos percatamos que quizá vemos las cosas desde un ángulo diferente, y que debemos aceptar que hay varias formas de ver lo mismo que nos rodea. Aceptar y ver los distintos puntos de vista de otros, nos ayuda a pensar mejor. Enseñar este concepto a los niños es difícil. Se requiere mucha paciencia y diálogo. Es importante enseñarlo porque es el principio en el aprendizaje de la tolerancia hacia nosotros y hacia los demás.

Estas preguntas nos llevan a la última etapa en el proceso del pensamiento. Juzgamos lo que hemos aprendido. En el proceso de pensamiento, es importante evaluar porque nos ayuda a tomar decisiones. Cuando consideramos dos o más puntos de visa, estamos afirmando o cuestionando lo que creemos porque, en última instancia, nuestro juicio se basará en nuestras experiencias. Para dar un ejemplo, vamos a usar un escenario histórico.

Tratemos de asumir que a lo largo de los años hemos escuchado que hay cierto grupo de personas que son "el enemigo" porque su gobierno tiene intereses distintos a los nuestros. Sin embargo, con el correr del tiempo, comenzamos a estudiar esa época de la historia y nos percatamos que la propaganda establecida contra esas personas era justamente sólo eso, sólo propaganda.

El gobierno de ese país es una cosa; sin embargo, en la mayoría de los casos el pueblo, la gente, es similar a nosotros porque tiene las mismas necesidades humanas. La pregunta es: ¿Por qué se les juzgó de esa manera? ¿Será lo mismo que está sucediendo ahora con un grupo diferente de personas? La manera en que pensamos y evaluamos tales asuntos, se espera que haya cambiado y que seamos más tolerantes y atentos a las propias necesidades y a las necesidades de los demás. Este último ejemplo sería un tema sobre el que se pediría a los muchachos de secundaria que pensaran. Aunque este nivel de pensamiento también puede usarse para los niños de primaria.

La película *Su Majestad (Her Majesty)* es un buen ejemplo de este concepto, puesto que conlleva diferentes perspectivas. La cinta trata de la historia verdadera de una jovencita en Nueva Zelanda. Su amistad con una anciana Maorí muestra que esa historia tiene dos lados: la historia escrita y la historia de los conquistados por quienes escribieron la historia. Ese hecho lo corrobora la Reina Isabel misma. No quiero decirles en qué termina la película, pero por favor véanla. Mis alumnos la disfrutaron mucho y se percataron de cómo dos perspectivas distintas pueden influenciar la historia.

Siempre les digo a mis alumnos que las herramientas más poderosas que una persona posee son sus ideas. Los pensamientos son poderosos porque pueden transformarnos tanto a nosotros mismos como a los demás. Una vez que alguna idea se fortalece, no se detiene. Sigue y sigue. Mis alumnos preguntan siempre: "¿Es por eso que las ideas de Martin Luther King todavía siguen con nosotros?" La respuesta es "Sí". Cuando volteamos a la historia, vemos que muchos dictadores tratan de aplastar las ideas lastimando a quienes las pensaron. Quizá hirieron o, inclusive, mataron a esas personas, pero las ideas perseveraron. Ahora depende de nosotros que las ideas continúen fluyendo.

Espero que esta plática les ayude a entender un poco más por qué los maestros necesitamos la ayuda de ustedes para que conversen con sus hijos. Las ideas y los pensamientos llevan tiempo para desarrollarse. Son semillitas que florecen en el momento apropiado. Sólo debemos regar esas ideas por medio de escuchar y hacer preguntas. En la escuela no podemos hacer todo por cuenta propia, porque el maestro más grande y poderoso de su hijo ¡es usted! En conjunto, ustedes y nosotros, podemos hacer mucho si es que trabajamos juntos. Por favor ayúdenme, dado que busco lo mejor para nuestros estudiantes y para sus hijos.

Muchas gracias por escucharme siempre.

Amorosamente,
La maestra de su hijo

CARTA 15

Niveles de pensamiento en el salón de clase

Queridos padres,

Ustedes me han pedido que les dé un ejemplo de la forma en que se ve el proceso de pensamiento. Pensé que sería útil escribir el ejemplo de cómo lo ven nuestros niños a nivel de la escuela elemental o primaria. Este ejemplo debe ilustrar las habilidades en el nivel de pensamiento que su niño debe tener en su desarrollo académico. (Por favor recuerden que cada uno de nosotros se desarrolla de manera distinta; su hijo puede estar un poco adelantado o un poco atrasado, y esto *está bien* siempre y cuando ustedes vean que está avanzando.)

Una de mis lecciones de ciencia favoritas para el primer año trata sobre huevos. Normalmente, cuando iniciamos la lección, los maestros pedimos a los niños que recuerden la información que ya tienen sobre este tema. Este recuerdo es muy importante porque representa los cimientos para ese nuevo conocimiento.

Nosotros utilizamos diversas técnicas, pero para los fines del día de hoy voy a describir la gráfica KWL. Esta gráfica es muy sencilla. Tenemos tres columnas en una hoja de papel para gráficas. Cada una de las columnas lleva como encabezado una letra. La letra "K" (que significa "know"=saber) aparece en la primera columna y representa "lo que ***ya sé***". La columna central lleva como encabezado la letra "W" (que significa "want"=querer) y representa "lo que ***quiero saber*** o conocer". La última columna lleva como encabezado la letra "L" (que significa "learn=aprender") y representa "lo que ***ya he aprendido***".

Cuando iniciamos una clase, reunimos a nuestros alumnos para una sesión de tormenta de ideas donde todos expresan las ideas que tiene sobre cierto tema. Esas ideas se anotan en la columna "K". Mientras discutimos lo que ya sabemos también anotamos ideas sobre lo que nos interesa saber respecto del tema en la columna "L". Esa columna final es algo que revisaremos periódicamente. Entiendo que hay algunos abogados y científicos que siguen un sistema similar cuando tratan de conjuntar lógicamente diversos conceptos de información.

Ahora, por favor, piensen lo siguiente: al llenar la columna de lo que ya sabemos, estamos buscando las experiencias que tienen los niños y ellos usan su memoria para recordar dicha información. El nivel de pensamiento no es muy alto. Hay respuestas como "hoy desayuné huevos", y "las gallinas ponen huevos". Creo que con esto ya me entienden.

Al avanzar hacia la columna de "lo que quiero saber" comenzamos a incursionar en el entendimiento del niño. ¿Saben los niños que las gallinas no son los únicos de nuestros emplumados amigos que ponen huevos? Entonces, la pregunta lógica sería: "Niños, ¿hay otros animales que ponen huevos?" Indudablemente los niños responderán que "Sí". "También los patos y los gansos". Y es aquí donde los maestros realmente comienzan a construir el conocimiento de los niños. Se pregunta "Y ¿cómo lo sabes?". "Date la vuelta y explícales a tus compañeros cómo es que sabes eso."

Hay muchas respuestas: "Mi mamá me leyó un cuento de un pato" o "mi tía tiene un rancho donde hay patos". Las respuestas son tan diversas como los alumnos que tenemos. Aquí vemos lo que una sencilla pregunta da como resultado. Nuestros niños recuerdan otra información que tienen y comienzan a clasificarla. Cuando podemos clasificar, en realidad estamos mostrando nuestro entendimiento. ¿Qué es lo que entienden los niños? Los niños entienden que los huevos no solo los ponen las gallinas. Hay otros animales que también ponen huevos. Podemos mostrarles varias imágenes con distintos tipos de huevos (huevos de gallina, huevos de pato, huevos de pingüino, etc.)

La asignatura que se encomienda a los niños será crear categorías para distintos tipos de huevo. ¿Son pequeños, o son grandes? ¿Son blancos o tienen manchitas? Los niños deberán establecer sus propias categorías con base en las observaciones que hacen. Para crear estas categorías, necesitan comunicar qué es lo que ven y discutirlo con sus compañeros de clase. Ellos deben escribir o dibujar aquello que descubren. Aunque la tarea parece sencilla, no siempre lo es, sobre todo cuando se es un niño pequeño.

Una vez que nuestros estudiantes han clasificado la información, se pedirá a los niños que piensen sobre ella y se les mostrarán imágenes de animales que ponen huevos. Aquí de lo que se trata, es que vean que no todos los animales son simpáticos y emplumados; pueden ser simpáticos y resbalosos (anfibios) o simpáticos y escamosos (reptiles). Los niños ahora deben decidir qué información sobre el estudio inicial sobre huevos se transfiere a estos "huevos nuevos".

Ahora la información que ya ha sido aprendida, la están transfiriendo los niños a un nuevo entorno. Se puede pedir a los niños que clasifiquen estos nuevos tipos de huevos con los huevos anteriormente vistos. Al hacerlo, tendrán que analizar su conocimiento previo para determinar si es que caben dentro de su modelo original. Al observar las imágenes o fotos, posiblemente deban desafiar sus ideas originales y reorganizar esas imágenes dentro de nuevos grupos o subgrupos.

Como adultos, para nosotros es fácil categorizar porque lo hemos hecho muchas veces. Sin embargo, los niños batallan con la categorización. No están seguros de cómo organizar la información. Requieren de un proceso de descubrimiento que les permita jugar con lo que se les pregunta para poder categorizar. Los estudiantes deben pensar sobre los distintos tipos de categorías que ellos pueden crear.

Como maestra, es muy interesante escuchar las discusiones que se llevan a cabo entre los estudiantes mientras deciden cómo hacerlo. Una vez que han creado los agrupamientos, necesitan explicar qué hicieron y cómo lo hicieron. Esta explicación requiere de parte de ellos cierta cantidad de pensamiento y cierta cantidad de articulación, cosa que no es sencilla. Luego viene lo más difícil, porque se les pide decidir si es que su clasificación es correcta. Si resulta correcta, deben explicar por qué es correcta. Si no lo es, deben también explicar por qué no lo es.

Hay muchos adultos que luchan por encontrar las palabras adecuadas y la manera en que pueden crear una explicación que fácilmente pueda entender un niño. Piensen en aquel tiempo en que su hijo les pedía que le explicaran por qué algo es de la manera en que es. ¿Tenían ustedes paciencia? En muchas ocasiones quizá respondíamos "Es así porque así es." Es difícil explicar las cosas correctamente en todo momento. Pero es aún más difícil cuando no tenemos la habilidad y la oportunidad para escuchar nuestros pensamientos.

Finalmente, tenemos la posibilidad de que nuestros niños avancen en su proyecto de clasificación de huevos. Les pedimos que con lo que han aprendido produzcan nuevas ideas. Estas ideas pueden ser tan sencillas como "Hay muchos animales que ponen huevos", o "¿Se puede hacer una tortilla de huevo con huevos de rana?" Esta última pregunta puede parecer tonta, pero en realidad es muy buena pregunta, porque hace a los niños regresar al inicio de todo. Ellos producirán nuevas preguntas, y esperamos que avancen por el mismo proceso que recién completaron. La diferencia es que existe un nuevo conocimiento que deben investigar, sobre el que deben pensar y, esperamos, deben incluir.

El pensamiento no es un proceso estático y necesita ser impulsado a lo largo del camino. Mientras avanzamos en distintos niveles, crecemos intelectualmente. El mayor aliado que tenemos en este proceso es observar y cuestionar todo lo que vemos y pensamos. Los niños son inquisitivos; esa es su naturaleza. Cuando hablamos con ellos, les ayudamos para que lo que se encuentra en su entorno tenga sentido. Usted crea su entorno. Discutir lo que ellos ven y sienten establece los cimientos para lo que académicamente ellos lograrán en la escuela.

Espero que este ejemplo haya puesto las cosas en claro. También espero que ustedes sientan la confianza de crear en casa circunstancias similares para sus niños. Pueden hacer que categoricen piedras, distintos tipos de pasta, botones o lápices de colores. Hay mucho de donde escoger. Cuando usted lo recuerda, usted funge como guía y sus acciones les hacen saber que usted los ama.

Amorosamente,
La maestra de su hijo

CARTA 16

Como se desarrolla el proceso de pensamiento conforme los niños crecen

Queridos padres,

Voy ahora a explicarles cómo se desarrolla el proceso de pensamiento conforme crecen los niños. Antes de eso, permítanme hablar brevemente qué niños caen dentro de estas diferentes etapas. El poder entender esta situación nos ayudará a todos a aclarar las cosas.

En cada una de las etapas de aprendizaje y desarrollo, sus niños ¡son sorprendentes! Son estrafalarios y están desarrollando sus propios patrones de pensamiento. En realidad están pensando, pero en ocasiones su precioso desarrollo físico (la pubertad) los hace parecer muy tontos. Gran parte de lo que nosotros pensamos son cosas de sentido común, y ellos no lo entienden. No es que traten de ser malgeniosos o tercos, en realidad no lo son. Lo que sucede es que sus hormonas se entrometen en el camino de un pensamiento claro.

Como padres, en ocasiones nos es difícil tener paciencia con nuestros niños. Cuando la necesitamos no siempre tenemos la paciencia y, en esa etapa, ¡cuánto la necesitamos! Por favor recuerden ser pacientes cuando su adorado adolescente haga o diga cosas que, la verdad, parecen abiertamente tontas. No necesariamente trata de ser tonto ni trata de irritarlos. Simplemente sucede que en ese punto no ha desarrollado la claridad de pensamiento. Ahora regresemos a los patrones de pensamiento y de su desarrollo.

En el Estado de Illinois, los alumnos deben someterse a la Prueba de la Constitución en el séptimo grado. Es muy importante conocer la constitución de los Estados Unidos, puesto que en ella se indican nuestros derechos y responsabilidades, y eso es algo que no debemos tomar a la ligera. Este tema no es algo que debemos leer, pasar la prueba, y olvidarlo. Es un "tema vivo", lo que significa que es la base de nuestra democracia y, como tal, necesita tratarse como un documento vivo.

Nosotros enseñamos a nuestros estudiantes qué es la Constitución y qué es lo que representa. Los estudiantes leerán la constitución y la discutirán. Algunos maestros usarán el programa de PBS "Liberty Kids" para ayudar a dar vida al período histórico en que se creó la Constitución como una forma de que ellos la conozcan de manera divertida y puedan educarse. Sin embargo, toda esta información no es suficiente para que el documento cobre vida; nosotros necesitamos que ustedes, los padres y madres, nos ayuden en esto.

Los maestros establecemos los cimientos académicos para la comprensión de este importante documento. Nosotros presentamos todos los conceptos. Nosotros discutiremos y analizaremos la historia de los Estados Unidos y qué fue lo que contribuyó a la formación de este documento y de nuestro país; qué fue lo que vivieron los fundadores de nuestro país para garantizarnos a todos nosotros esos derechos y responsabilidades que consideramos sagrados, y qué es lo que representa la Constitución en la actualidad. Sin embargo, todo esto no es sino pensamiento abstracto. Los niños necesitan vivirlo para saber cómo convertirse en ciudadanos responsables, y para saber cuáles son los ideales en que se basa nuestra nación. Es a base de vivir esos derechos y responsabilidades que esas palabras se convierten en realidad.

Ustedes nos ayudarán a dar vida a estos conceptos y a crear ciudadanos que realmente contribuyan, cuando ustedes discuten, analizan y ayudan a sus niños a evaluar muchos de los eventos políticos que se presentan en nuestras poblaciones, ciudades y países. Cuando ustedes ven en las noticias un evento, hablen de eso en la mesa a la hora de la cena. Comenten los hechos. Eso se llama recordar la información. Los niños podrán saber algo de lo que ustedes hablan. Posiblemente escucharon a algún compañero o a un maestro mencionar el asunto. Esperemos que ellos puedan contribuir con alguna información y que hagan preguntas, enriqueciendo de esa manera su conocimiento mientras conversan con usted.

La siguiente etapa será discutir lo que significan los diferentes eventos. Conforme su hijo discuta el significado de estos eventos, usted podrá ayudarle a crear nuevos conocimientos. Esos conocimientos serán importantes porque se convertirán en los cimientos para la forma en que el niño ve el mundo. Ahora, como maestra, yo puedo enseñar a los niños cuáles son los hechos y ayudarles a pensar recorriendo la información. Al hacerlo puedo crear un mejor entendimiento y una mayor comprensión, pero la clave es usted que es el padre o la madre, y lo que usted piense y valore es lo que va a transferir a su hijo con esas conversaciones. En una democracia, ¡eso cuenta mucho!

Si nosotros queremos que nuestra democracia continúe, tiene gran importancia la libertad para el intercambio de ideas y pensamientos con nuestros niños sobre noticias, política y otros asuntos similares. De hecho, este proceso es necesario para que nuestra Constitución siga siendo un documento vivo.

Podemos ahora avanzar a nuestro siguiente nivel de pensamiento. Este nivel es interesante porque en muchas formas representa una llamada para la acción. ¿Qué es lo que yo sé? ¿Cómo puedo usarlo para cambiar mi entorno? Cuando uno lo discute y luego motiva a su niño para que actúe, se le ayuda al niño a desarrollar el sentido de creer en sí mismo. ¡Ese es un don! Ahora bien, ¿en qué tipo de actividades cívicas puede participar su niño? ¿Qué les parece ir a tocar puertas para movilizar a los votantes? O bien, ¿qué piensan de reunirse con un grupo de sus amigos para ir a limpiar un parque o una escuela local? No importa que tan pequeña o que tan grande sea la actividad, usted está ayudando al niño a desarrollar un sentido de "Yo puedo contribuir. Yo puedo ayudar a otros. Puedo hacer la diferencia en mi mundo."

Hay una diferencia entre decirle al niño que él puede contribuir con algo y realmente ponerlo a hacer eso. Cuando contribuya él percibirá en sí mismo una sensación de logro que desarrolla su autoestima. (Muchos de nosotros confundimos la autoestima con el hecho de que nos digan que nos aman y que creen en nosotros. Sin embargo el hecho de "hacer" es donde el niño realmente sentirá la diferencia en su autoestima.) Ralph Waldo Emerson ilustra esto de mejor manera cuando dice: "El pensamiento es la flor; el lenguaje es la germinación; la acción es el fruto que allí se esconde. El antecesor de toda acción es un pensamiento y la habilidad es el resultado de convertirlo en realidad."

Cuando nosotros "hacemos" podemos percatarnos que hay patrones y por ello reorganizamos nuestras ideas. Quizá lo que pensamos sería sencillo, no lo es. Quizá lo que en nuestra primera discusión percibimos como descuido de alguien, no sea descuido. Posiblemente esas personas están haciendo lo mejor que pueden y las cosas son algo más complicadas. Su hijo necesita comprender las complicaciones que conlleva el "hacer".

En nuestras discusiones iniciales, posiblemente no veamos lo que verdaderamente se encuentra tras algunas opiniones o acciones. Sin embargo, cuando comenzamos a hacer algo, podemos percatarnos que las cosas son diferentes y mucho más complejas. Poder reconocer la mayor complejidad que agregan los puntos de vista múltiples y las otras perspectivas generalmente es resultado de la experiencia, y de ponernos en los zapatos de los demás. Los estudiantes deben aprender esta habilidad para convertirse en verdaderos resolutores de problemas. Cuando solamente se ve un lado de la ecuación, tendremos mucho más dificultad para resolver el problema.

Al reconocer que existen múltiples puntos de vista, avanzamos a la siguiente etapa: el análisis. Cuando las cosas funcionan, o cuando no funcionan, es necesario detenernos y entender qué salió bien y qué no salió bien. Este análisis es verdaderamente importante porque nos ofrece la percepción de lo que debemos hacer para mejorar. El reconocer nuestras fortalezas permitirá continuar construyendo sobre ellas. Y el reconocer nuestras debilidades también nos permitirá mejorar.

Cuando podemos sentarnos y discutir con nuestro hijo lo que pensamos que salió bien con él y sus amigos que entregaron volantes invitando a la gente a votar, lo estamos empoderando. Nuestra conversación deberá ir más o menos en este sentido:

“Hijito, veo que todavía tienes muchos volantes.”

“Sí, porque la mayoría de las personas no los quisieron porque piensan que su voto no representa una diferencia.”

“¿Qué barbaridad! Y tú ¿qué piensas?”

“Pues, no sé.”

“¿Estás de acuerdo con ellos?”

“Tal vez, pero…”

“Entonces, ¿no estás seguro?”

"Bueno, es que si todos votáramos…"

"¿Crees que sería diferente?"

"Sí, creo que sí."

"¿Cómo es eso?"

"Pues creo que todos nuestros votos son importantes y cuando no votamos nosotros somos los que estamos decidiendo que no sea diferente."

"Válgame, estoy impresionada—esas palabras son muy ponderosas. Y ¿qué vas a hacer ahora?"

"No estoy seguro, pero tal vez…."

Esto seguramente ya les queda claro; las posibilidades son ilimitadas. En este tipo de diálogos nuestros estudiantes experimentan su mayor crecimiento. ¿Se dieron cuenta que el adulto no está predicando? No es necesario. Recuerde que este proceso es para que los niños descubran su propio potencial. Es una lección de descubrimiento, y el verdadero potencial para crecimiento radica en descubrir las respuestas propias.

Y así ascendemos hasta la siguiente etapa en nuestro desarrollo de pensamiento: cómo sintetizar. Aquí nuestros niños aportan información antigua y la desglosan a fin de crear nuevos pensamientos e ideas. Por favor pongan atención cuidadosa al siguiente diálogo:

"¿Sabes, mama? Estaba pensando sobre la votación."

"¿Sí?"

"Bueno, pensaba que votar es importante porque puede hacer que las cosas cambien."

"Ya veo."

"Bueno, en la escuela estamos aprendiendo que el único momento en que somos todos verdaderamente iguales es cuando votamos."

"Ajá..."

"Pero cuando no votamos estamos renunciando a nuestro derecho y responsabilidad. Estamos dejando que otros decidan por nosotros. Y pienso que eso NO está bien."

"Bueno, veo que has pensado en esto."

"Así que si la gente no está motivada, tenemos que hacer algo."

"Y, ¿qué crees tú que se puede hacer?"

"Creo que repartir volantes no fue un éxito. La mayoría de la gente ni siquiera estaba en su casa."

"Seguramente fue muy frustrante."

"Sí, mama, ¡fue muy frustrante!"

"Entonces, ¿qué puedes hacer?"

"Pues, estaba pensando que mis amigos y yo podemos pedirles a los maestros que nos permitan hablar en cada una de sus clases por cinco minutos."

"Y ¿de qué van a hablar?"

"Bueno, pues de la importancia de pedirles a nuestros padres que voten."

"Pienso que eso suena factible."

"Creo que les pueden pedir a sus padres que les permitan acompañarlos a las casillas para ver qué pasa allí. De esa manera, como les piden a sus padres que les enseñen, al mismo tiempo los acompañan a votar."

"¡Muy buen truco!"

"Sí, ¡ya sé! ¿Crees que funcione?"

"Puedes probar y veremos que resulta."

Llegamos finalmente a la última etapa en nuestra cadena de pensamiento: la evaluación. Cuando evaluamos, damos valor a lo que tenemos y elaboramos juicios. ¿Funciona? ¿Fue buena mi primera idea o fue mejor cambiar la táctica? ¿Por qué? Al responder nuestras propias preguntas damos la vuelta a todo el ciclo de pensamiento. Regresamos al punto de partida con un nuevo entendimiento y mayor profundidad en el conocimiento.

El punto es que el conocimiento que hemos adquirido nunca fue verdaderamente sobre la discusión inicial que tuvimos sobre el artículo que apareció en las noticias, sino que trata sobre cómo descubrimos nuestras fortalezas y debilidades por medio de nuestras acciones. ¡Esa es la magia de la enseñanza!

No es fácil adquirir este tipo de conocimiento; lleva años desarrollarlo. Por favor créanme que cuando comenzamos es abrumador. Sin embargo, la mayoría de los maestros enfrentamos esta gran tarea solos. Y necesitamos sus ideas y sus conversaciones para ayudarnos a crear una mejor sociedad—una sociedad en la que todos nosotros podamos expresar nuestros pensamientos. La manera en que podemos comenzar a crear esa sociedad mejor, es estableciendo un diálogo duradero con sus hijos que trate sobre lo que significa para ustedes la vida, la libertad, y el derecho a buscar la felicidad.

Ahora bien, por favor, no traten de tener inmediatamente una larga conversación con su niño. Estos pensamientos se desarrollan gradualmente. Se desarrollan basándose en diálogos constantes sobre lo que sucede día con día, qué es lo que las noticias nos informan, y muchas otras cosas. Siempre hay algo en la vida que vale la pena comentar.

Así que les dejo de tarea que por favor continúen hablando con sus niños. Nosotros, ustedes y yo, podemos hacer la diferencia.

Como siempre, espero que esta información aclare las cosas para ustedes.

Muchas gracias por escuchar.

Amorosamente,
La maestra de su hijo

CARTA 17

Medición de los niveles de pensamiento por medio de pruebas

Queridos padres,

En el último ejemplo, compartí con ustedes cómo se desarrollan los procesos de pensamiento. Como pueden ver, los maestros y los padres, ayudan a los estudiantes a desarrollar habilidades de pensamiento de nivel bastante alto. Uno de los métodos que usan muchos maestros para incrementar el pensamiento de sus estudiantes, es hacer preguntas. A esto se le llama el Método Socrático.

Quiero darles un ejemplo de este tipo de preguntas y qué es lo que buscamos los maestros en las respuestas que recibimos por esas preguntas. Creo que esta discusión les permitirá aclarar la forma de entender el proceso de pensamiento, y eso nos llevará al tema de las calificaciones.

Para lograrlo, voy a contarles un cuento y les haré algunas preguntas que permiten elegir una de las múltiples respuestas. Luego discutiremos las respuestas y seleccionaremos la mejor. Mi ejemplo se relacionará con niños de primer y segundo año. Este es el cuento.

La abuelita tenía unas deliciosas fresas y pensó que a su nieta, Danita, le gustarían. Así que le dio un platito con fresas. Danita iba a comerlas cuando vio que su hermanito menor también quería fresas. Entonces, ella le dio a su hermanito Johnny las fresas, para que él las comiera.

Johnny tomó el platito con fresas cuando vio que su papá estaba trabajando muy duro en el garaje. Johnny pensó que seguramente su papá disfrutaría comer esas fresas porque estaba trabajando muy duro y las fresas estaban muy jugosas. Su papá le agradeció y entró a la cocina para lavarse las manos a fin de comer las fresas, cuando vio a su esposa. ¡Vamos… a ella le gustaban mucho las fresas! Así que le dio a su esposa las fresas y cuando se dirigía hacia afuera para regresar a trabajar, entró toda la familia. Al ver las fresas, todos comenzaron a reír y decidieron compartir las fresas.

Este es un cuento muy sencillo, pero si tenemos suerte podremos relacionarnos con él. Cuando tenemos niños que leen este cuento y les hacemos las preguntas que vienen a continuación puedo garantizarles que más de tres cuartas partes de los que están en mi clase responderán de manera equivocada. Ahora, veamos las preguntas.

¿De qué trata este cuento?

a. De una familia que come fresas

b. De una familia que le gusta compartir

c. De una familia que se lleva bien

d. De una familia en la que todos se quieren

Vamos a considerar la respuesta "a)". Al leer el cuento, nos percatamos que a toda la familia le gusta comer fresas. Pero el cuento no trata de comer fresas. No nos dice si es que se comen las fresas con helado o con alguna otra cosa. Por lo tanto, la respuesta no es "a)".

Vamos ahora a considerar la respuesta "b)". Sí, bien parece que a la familia le gusta compartir, pero ¿realmente trata el cuento de compartir? ¿Ofrece algún otro ejemplo de que la familia comparta algo, como los juguetes o los dulces? No, no se menciona. Por lo tanto, la respuesta tampoco es "b)".

Aparece después la respuesta "c)", que sugiere que el cuento trata sobre una familia que se lleva bien. Sí, vemos que la familia se lleva bien. Después de todo, ellos comparten las fresas entre todos, pero no nos ofrece más ejemplos que indiquen que se llevan bien. Después de compartir las fresas, quizá pudieron discutir de manera alterada o enojarse entre ellos. Pero estas respuestas son respuestas sencillas; y de muchas formas son evidentes porque solamente tratan con la capacidad de recordar y entender la información.

La respuesta "d)" nos lleva un poco más allá en las habilidades de pensamiento. Nos damos cuenta que necesitamos interpretar qué tipo de relación tiene esta familia. Es una familia cariñosa. Todos ellos están dispuestos a renunciar a aquello que verdaderamente disfrutan porque se aman entre sí. Así que, sí, a todos ellos les gustan las fresas y están dispuestos a compartirlas porque son una familia cariñosa. Por lo tanto, el nivel de pensamiento más alto es aquel que determina la respuesta "d)" De una familia en la que todos se quieren.

Como adultos, nosotros estamos en condiciones de entender por qué "d)" es la respuesta correcta. Sin embargo, los niños más pequeños escogerán las respuestas "a)" o "b)" porque son obvias y concretas. Este cuento habla de fresas y de compartir. No habla de manera concreta de una familia cariñosa. Sin embargo, ese cariño en todo momento está implícito. El poder resumir o sintetizar este conocimiento gracias a una abstracción es una habilidad proveniente de discutir los eventos y las relaciones que vemos dentro de nuestras circunstancias cotidianas. Cuando hablamos de estos conceptos con nuestros niños, les ayudamos a que comiencen a pensar de manera que puedan hacer abstracciones. Las habilidades con niveles de pensamiento más alto son abstracciones.

Los maestros enseñamos a los niños a desarrollar aquellas habilidades que llevan a niveles de pensamiento más altos. Nosotros damos a nuestros niños muchas oportunidades para practicarlas y desarrollarlas. Sin embargo, como sucede con todas las habilidades, también para esto se necesita su aportación y su contribución. La interacción diaria de ustedes con los niños ayuda a desarrollar estos patrones de pensamiento.

Cuando ustedes analizan junto con sus hijos los eventos diarios, ustedes les ayudan a formar las conclusiones propias de sus niños para que avancen hacia un pensamiento de mayor abstracción. Cuando ustedes, junto con sus niños, llegan a una conclusión, pídanle al niño que les explique por qué piensa eso. Mientras más frecuentemente ustedes recorran este proceso con sus hijos, los niños podrán expresar sus pensamientos de mejor manera. Recuerden que al principio será una expresión oral solamente, y posteriormente ellos podrán ponerlo por escrito.

Como siempre les digo, ustedes son una parte integral muy importante en la educación de los niños. Así que, ¡vamos a continuar conversando!

Amorosamente,
La maestra de su hijo

CARTA 18

Cómo desarrollar en su niño las habilidades para pensar

Queridos Padres:

En mi carta anterior dije que quería explicarles las calificaciones. Sin embargo, ustedes me pidieron que les diera ideas para ayudar a desarrollar en sus hijos buenas habilidades para pensar. Así que eso será lo primero que haga.

Sin embargo, antes de comenzar, quiero que ustedes comprendan que este proceso tomará tiempo. Se inicia en la infancia y primera niñez y se desarrolla conforme crece el niño. Ustedes pueden ayudar en el proceso, pero deben dejar que se desarrolle a su propio paso.

Ustedes pueden regar y fertilizar la mente del niño, pero luego deben esperar y dejarla crecer. Todo esto debe hacerse con mucho amor y mucha paciencia. Indico paciencia, porque se necesita mucha, en verdad mucha. Si ustedes piensan que tienen poca paciencia, traten de recordar ese momento especial que tuvieron con su niño. Hacerlo nos mantiene motivados, sobre todo después de un período de una o dos horas en que explicamos algo y no vemos que se encienda el foco en la mente del niño. Pero recuerden, cuando se cuida apropiadamente un jardín, los premios que se reciben son sorprendentes.

Algo más que deben saber es que cuando ustedes ayudan en este proceso de manera divertida pero muy firme, ustedes se ayudan a sí mismos inmensamente, pues quitará gran parte del problema de pensar y tratar de hacer la tarea, tanto para ustedes como para sus niños.

Así, que aquí vamos. Esto es "Pensar 101".

Como bien saben, la mayoría de lo que los niños piensan se expresa de forma oral. Así que las ideas en que nos enfocaremos será fácil implementarlas porque pueden practicarlas en cualquier parte. Ustedes pueden desarrollar las habilidades de su hijo mientras caminan por la calle, viajan en el auto, compran en el supermercado, cenan en casa, o inclusive mientras ven la televisión y durante los comerciales es el mejor momento.

La clave es conversar con el niño. No existe una sola forma de hacerlo. Usted es quien conoce mejor a su hijo. Lo que usted debe hacer es tomar los eventos de la vida real y discutirlos con él. Por ejemplo: "¿Te fijaste que la tía Sara estaba de mal humor? ¿Por qué piensas que se sentía así? Se veía alterada pero no me atrevía a preguntarle por qué." Y ahora, permitan que el niño responda a todas las preguntas. Este proceso les ayuda a desarrollarse mientras tratan de darle sentido a su mundo. Cuando el niño responda, ustedes deben escuchar y parafrasear lo que dice. Mantengan la conversación como lo harían con un amigo o amiga.

Ahora, vamos a analizar la respuesta del niño. "Bueno, creo que la tía Sara estaba enojada con Juanito". En esta sencilla oración su niño recordó la información, la interpretó, y la resumió. No importan si la respuesta es correcta o incorrecta; usted siempre puede corregir la idea después. Lo que en ese momento interesa es que el niño pudo tomar la información, conjuntarla y darle sentido a su mundo, y que tuvo la capacidad para expresarlo.

En lo que sigue, "Juanito no hizo la tarea y la maestra llamó a la tía Sara para que vaya a la Dirección de la escuela. Es la tercera vez que sucede este mes." Aquí su niño está analizando diferentes cosas que él sabe y las está conjuntando en una idea coherente. Habrá ocasiones en que usted piense que Juanito pudo decirle a su hijo lo que pasaba. Pero subsiste el hecho que Juanito tal vez solamente le dijo a su hijo unas cuantas palabras de lo que realmente sucedía, en cuyo caso su hijo está interpretando la información y sacando sus propias conclusiones.

"¿Sabes mama? Creo que la tía Sara está enojada con Juanito, pero es posible que ella más bien este preocupada por él. Le molesta tener que ir a la reunión y está enojada con ella misma porque no sabe qué hacer con Juanito." Esta frase es muy poderosa. Su hijo pudo comprender, analizar y evaluar una situación difícil, usando habilidades de pensamiento muy elevadas. La mayoría de los niños son capaces de pensar en esta forma y expresarlo, siempre que les demos la oportunidad.

Ahora bien, estoy consciente de que muchas personas dicen que no debemos discutir con los niños lo que les sucede a los mayores de la familia, y en la mayoría de los casos eso es verdad. Pero hay ocasiones que debe hacerse para aclarar las relaciones familiares. Pretender que las cosas no suceden es como tener un elefante en la habitación y que nadie hable de él. No es necesario dar explicaciones; simplemente pregunte a su hijo qué pensó y por qué lo percibió así. Usted se sorprenderá que tan perceptivo es su hijo.

Una última cosa: no cancele o detenga las teorías que el niño pueda tener, aun cuando estén equivocadas. Es mucho más efectivo guiar hacia la respuesta correcta porque a través de guiarlo usted podrá mejorar la capacidad de pensar del niño. Usted le mostrará que hay diferentes maneras de sacar una conclusión y que no todo es de la manera en que lo vemos. Si ustedes me preguntan, ustedes acaban de enseñar a sus hijos una verdadera lección de vida.

La importancia de esta lección no es académica solamente. Esta lección es una verdadera lección de vida. Cuando escuchen al niño, escúchenlo verdaderamente, pues eso le dice al niño que lo que él dice tiene valor. Ustedes le indican que sus ideas son importantes y pueden contribuir para entender a otros. Le están diciendo que puede percibir y hablar sin herir a otros. Lo más importante es que usted acaba de mostrar a su niño, a través de las acciones de usted, que él significa mucho para usted. Esa es una magnífica manera ¡de construir la autoestima!

Vemos ahora el componente académico. Cuando el niño puede percibir estos eventos y puede interpretarlos adecuadamente, esa habilidad va a transferirse a su lectura y a su escritura. Podrá leer un artículo, escuchar una conferencia, involucrarse en una conversación, y demás, y decidir por sí mismo si lo que se le dice está bien o no para él. Esta habilidad aparecerá en los ensayos que escriba.

Ahora bien, en caso de que se le pidiera al niño que escribiera un ensayo sobre el uso de la energía verde vs. el petróleo, tendrá la capacidad de observar desde dos perspectivas diferentes y evaluarlas, sintiendo la confianza de que es capaz de interpretar las cosas correctamente desde su propio punto de vista. Para él no debe ser importante si los demás están de acuerdo o no. Eso se llama ¡confianza en sí mismo!

Se dan cuenta de lo que puede lograrse con paciencia, amor, buena habilidad para escuchar, y con el corazón y los oídos bien abiertos.

Muchas gracias por abrirme su corazón y su mente, y especialmente por abrirlo a sus hijos.

Amorosamente,
La maestra de su hijo

CARTA 19

Ayude a su hijo a explorar sus propias ideas

Queridos Padres:

Ustedes me dijeron que les gustó la forma en que pude enlazar una sencilla conversación con las habilidades del pensamiento. Me dijeron que les mostró la forma en que los distintos niveles de habilidades de pensamiento se encuentran presentes dentro de una conversación. Me dijeron que era la primera vez en que consideraron las conversaciones con sus hijos con una luz diferente. Me da mucho gusto.

También me dijeron que no están completamente seguros de la manera en que este tema se enlaza con la escritura académica del niño y, por lo tanto, ustedes me piden que haga un enlace de esos para entenderlo un poco mejor. Voy a tratar de explicarlo, y luego avanzaré a cómo pueden ustedes continuar usando esos momentos pequeños pero importantes en su vida diaria para ayudar a sus hijos a mejorar en la escuela.

La conversación que les ofrecí como ejemplo en mi carta previa, es un ejemplo real. Esto se enlaza con la escritura de sus hijos ayudando al niño a expresar aquellas ideas que se forjan en su mente. Cuando ustedes escuchan lo que se dice, ustedes permiten a su niño conjuntar sus ideas de manera ordenada. Ustedes le permiten aclarar lo que está pensando.

Muchas veces tenemos idea, pero no tenemos la seguridad de cómo expresarlas. Las ideas se encuentran amontonadas. Necesitamos expresarlas para ayudarnos a nosotros mismos a entenderlas. Cuando hacemos preguntas pequeñas, sencillas, en realidad estamos avanzando un poco en el proceso del pensamiento. No les damos a nuestros hijos las respuestas reales. Simplemente decirle al niño que las respuestas no le permitirán crecer intelectualmente es un error que muchos de nosotros cometemos sin darnos cuenta. Generalmente le decimos a los niños que vayan a hacer otra cosa o les damos la respuesta. Por ejemplo, decirles "La tía Sara tiene problemas con Juanito" en lugar de preguntar al niño por qué piensa que la tía Sara se ve molesta, le impide razonar la situación. Esto se ve con claridad en mi carta previa.

Como pueden ver, enviar a su niño a otro lado o darle la respuesta correcta no le permite resolver las cosas por sí solo. Nuestros hijos son muy listos -- ¡sí que lo son! Hay ocasiones en que nos encontramos enterrados entre las muchas responsabilidades que tenemos y olvidamos qué es lo importante – conversar con nuestros hijos. Cuando no recordamos qué es lo importante, renunciamos a nuestro derecho y responsabilidad de conocer bien a nuestros hijos.

Es por medio de estas conversaciones que podemos ver quiénes son nuestros hijos, cómo son verdaderamente, qué es lo que los mueve. En la película *Una vida mejor* (*A Better Life*), el padre trabaja duramente para dar a su hijo una vida mejor. Es evidente que quiere muchísimo a su hijo. El padre hará cualquier cosa por mejorar la vida de su hijo, pero las circunstancias no le permiten hacer aquello que importa más, y es pasar tiempo de calidad con su hijo. Cuando la vida obliga al padre a pasar tiempo con él, el hijo verdaderamente observa la integridad de carácter que tiene el padre. Por primera vez logra reconocer el valor que tiene el padre como persona, no sólo como proveedor. A través de pequeñas conversaciones que sostienen el hijo logra entender el significado más profundo de las cosas. Y este entendimiento superior es lo que compone la mayoría del trabajo académico.

Cuando yo le pido al niño que escriba, la mayoría responde “No sé qué escribir” o “No tengo que decir”. ¿Por qué los estudiantes piensan así? Bueno, la mayoría de ellos no han tenido oportunidad de que los escuchen con atención. Ellos no se dan cuenta que lo que les sucede cada día en su vida es importante. No se percatan que estas ocurrencias forman su pensamiento y sus percepciones. No entienden que escribimos lo que sabemos.

Muchos de nuestros estudiantes no se percatan que ellos saben cosas que son importantes para ellos y para otras personas. ¿Por qué? Porque no han tenido la oportunidad de explorar y expresar sus ideas ante un oyente paciente, que esté allí para ellos.

En la escuela hacemos algo a lo que llamamos “pensar, compartir con un compañero”. Se da una idea a los niños para que la exploren y la piensen. Pero la idea debe ser expresada y desafiada o confirmada. Los niños hablan con sus compañeros y expresan lo que piensan. Tienen oportunidad de decir qué piensan y por qué. Es algo muy poderoso.

Cuando los niños comienzan a “compartir con un compañero” normalmente se ven entre sí, pero no saben qué decir. No están seguros de sí mismos ni de sus respuestas. “¿Qué tal si piensa que soy tonto?” “¿Y si mi respuesta está equivocada?”. Esas preguntas y otras en vez de avanzar declinan en espiral. Hay muchas razones por las que un niño no se siente cómodo expresando sus ideas o sus creencias. Eso es difícil aún para algunos adultos. Pero como bien sabemos los maestros, si continuamos el proceso los niños comienzan a darse cuenta de que aunque sus ideas no sean correctas, pueden llevarlos a descubrir cosas interesantes. Poder escuchar las propias ideas expresadas en voz alta de alguna manera las vuelve tangibles. Las ideas pueden ser abstractas, pero de alguna forma, se convierten en más reales y válidas. El hecho de que se confirmen o se desafíen ayuda al proceso de aprendizaje.

Consideren esto: En la escuela, tenemos poco tiempo para jugar a "compartir con un compañero" y poder intercambiar ideas, porque tenemos un programa escolar muy grande que debe cubrirse. Muchas veces no podemos cubrir algunos temas con la profundidad que quisiéramos. Sin embargo, eso no debe ser problema cuando ustedes "comparten como compañero" de su hijo. El proceso es muy simple. Pregunte al niño algo que aprendió en la escuela. Pídale que se lo explique. Hágale preguntas sobre ese tema. (Pídale que escriba las preguntas para que puedan discutirlas y encontrar las respuestas cuando llegue a clase.) Pregúntele que piensa sobre lo que aprendió. Cuando dicen que el tema fue aburrido, pregúntele por qué fue aburrido. Pregúntele si, a pesar de ser aburrido, piensa que puede servirle. Todas estas preguntas están diseñadas para ayudar a los niños a desarrollar su pensamiento.

Muchos de nosotros con frecuencia nos alejamos de ese tipo de preguntas, porque tenemos otras distracciones. Sin embargo, necesitamos volver a conversar con nuestros hijos. Esas conversaciones ayudan a los niños y a nosotros al desarrollar su pensamiento y brindarnos un mayor conocimiento de nuestros hijos. Es una situación de "ganar-ganar" para todos nosotros.

Muchas gracias por su interés.

Amorosamente,
La maestra de su hijo

CARTA 20

Participar en actividades divertidas. Eso les ayuda a aprender

Queridos Padres,

Después de mis cartas anteriores, ustedes me dijeron que buscaban que las interacciones con sus hijos fueran más educativas y juguetonas. También me mencionaron que deseaban ayudar a sus hijos a desarrollar un poco más sus pensamientos. El problema, ustedes dijeron, es que muchas de las actividades escolares que ustedes comparten con sus hijos requieren papel y lápiz. Estas actividades son tediosas para ustedes y para los niños; por lo tanto, prefieren algo que no se convierta en un desafío constante en donde sea necesario discutir con el niño para que haga la tarea. En lugar de batallar con el niño, ustedes buscan una actividad que promueva un mayor diálogo entre ustedes dos.

En respuesta a su solicitud, he pensado en algunas actividades que son divertidas y educativas al mismo tiempo. Ellas ayudarán a desarrollar actividades académicas, pero lo más importante es que representarán una buena posibilidad de compartir tiempo con sus hijos. Lo divertido es que pueden jugarse en cualquier parte.

Recuerden, se trata de un juego, así que es necesario que ustedes lo mantengan divertido. Aquí vamos...

Supongamos que están en el auto. Mientras ustedes conducen, denle al niño algunas palabras que tengan opuestos, y pídanle al niño que busque esa palabra que es el opuesto. Por ejemplo: blanco-negro, alto-bajo, grueso-delgado, arriba-abajo. ¿Se dan cuenta? Es muy sencillo y los chiquitos se divierten mucho. Ahora permítanme decir cómo ayuda académicamente al niño este juego. Desarrolla el vocabulario del niño y la rapidez de su pensamiento. ¿Por qué es importante? Bueno, para expresarnos necesitamos vocabulario.

Un vocabulario rico nos ayuda a expresar una plétora de sentimientos y pensamientos. Piensen que decir "estoy contento" no es lo mismo que decir "estoy feliz" o "estoy extasiado". Esas palabras representan una forma de felicidad, pero van desde una que es más calmada hasta una en que explota la sensación de felicidad. Al incrementar su vocabulario el niño cuenta con el lenguaje necesario para expresar niveles de pensamiento superior. Cuando se le imprime velocidad al juego, eso ayuda a que el niño recuerde los hechos.

Queremos que nuestros hijos tengan una forma de pensar que sea rápida e inteligente. En ocasiones, se requieren respuestas rápidas, y usted seguramente buscará que el niño piense con rapidez. La práctica ayuda mucho a lograr esta habilidad.

Otro juego que pueden poner en práctica fácilmente es marcar las sílabas en una palabra. ¿Recuerdan cómo jugaban en la escuela? El maestro decía una palabra y ustedes la separaban en sílabas. Manzana era man-za-na. Correr era co-rrer. Teléfono era te-le-fo-no. El dividir en sílabas la palabra se vuelve divertido y ese sencillo juego puede jugarse en cualquier parte y aportará muchos beneficios a su hijo.

Esta sencilla práctica ayudará a su hijo a escuchar los diferentes sonidos que tiene una palabra para que pueda posteriormente descubrir cómo se escribe con ortografía correcta. ¿Quieren llevar este juego un poco más adelante? Pídanle al niño que dé una palmada entre las sílabas, o que separe con una palmada las letras y los sonidos en cada palabra. La palabra puede ser p-e-l-o-t-a, o bien puede ser p-a-l-e-t-a. Para hacerlo más divertido, usted puede decir el primer sonido y el niño puede decir el que sigue. Pueden tomar turnos para hacerlo.

El verano pasado, jugué esto con un niñito. Al principio, todo iba bien con sólo las palmadas, pero el juego se volvió juego de pelota. Nos pasábamos la pelota. Quien fuera que tenía la pelota debía decir el siguiente sonido o la letra que seguía en la palabra que deletreábamos. Tanto el niño como yo nos divertimos, y usted puede divertirse también. Sea creativo. Estoy segura que tanto usted como el niño pueden inventar un juego diferente usando esos mismos principios. Aquí lo importante es la práctica. Pruebe el juego.

Mientras usted cocina, puede practicar cómo deletrear las palabras pidiendo al niño que diga el sonido y luego pedirle que mueva un frijol o un contador por cada sonido. Digamos que está deletreando la palabra "bola". Cuando diga "b" mueve un punto en el contador. Después dirá "o" y mueve otro punto en el contador. Luego dirá "l" y hará lo mismo, y finalmente dirá "a" y nuevamente moverá un punto en el contador. Finalmente, dirá la palabra completa "bola" con rapidez y verá que corresponde a los puntos ganados. Cuando el niño ya domine la habilidad de deletrear, puede pedirle que escriba las letras que correspondan a los sonidos que escucha. Esta sencilla habilidad le permite enfocarse en lo que está escuchando y le ayuda a mejorar su ortografía, por lo que está aprendiendo a escribir.

Hay muchos niños que comienzan a escribir usando ortografía que ellos inventan, esto es, la escriben según su sonido. Cuando se busca mejorar las habilidades de ortografía, esta es una buena forma de hacerlo. Los niños disfrutan del juego, y aprenden como escribir correctamente, pero el verdadero beneficio es el tiempo que pasan con ustedes en esa relación que será para siempre.

Todos aprendemos y retenemos información de mejor manera cuando ese aprendizaje está vinculado con algo placentero. En la vida de un niño, nada supera el tiempo maravilloso que pasa con su madre o con su padre. Son esos momentos que comparte con usted los que van asociados a lo más querido en la vida del niño.

Amorosamente,
La maestra de su hijo

CARTA 21

Aprendizaje de actividades que promueven el pensamiento

Queridos padres,

Sé que les gustaron las ideas anteriores. ¡Qué bueno! Pero ahora quieren más. Eso también es muy bueno. Permítanme hablarles sobre una de mis técnicas de aprendizaje favoritas. Esta gusta mucho porque es muy sencilla y realmente promueve la comunicación y el pensamiento.

Mientras ven la televisión, no importa que están viendo, recomiendo lo siguiente. Hagan preguntas sobre el programa y escuchen lo que los niños les dicen. A través de sus respuestas ustedes decidirán que van a preguntar después. Esta es una actividad verdaderamente importante porque ustedes también estarán guiando su crecimiento académico y moral. Es aquí donde ustedes pueden verdaderamente observar qué es aquello a lo que sus hijos dan valor. Así que ¿cómo comienzan? Déjenme explicarles con un ejemplo.

Pongamos por caso que están viendo la película *Soul Surfer* (en algunos países de habla hispana es llamada *Alma Surfera* y en otros *Sobre la Ola*). Esta película trata sobre la historia verdadera de una chica que pierde un brazo porque la ataca un tiburón mientras surfea.

De alguna manera, gracias a su valentía interna, ella encuentra la fortaleza para seguir adelante hasta convertirse en campeona de surfeo. Cuando vean esta cinta junto con sus hijos, detengan la proyección con la disculpa de que ustedes o su esposo (o esposa) necesitan ir al baño, a traer más palomitas de maíz, o cualquier otra cosa.

Mientras el grupo espera, comiencen a preguntar: "¿Qué crees que va a suceder?" "¿Por qué crees eso?", "¿Qué piensas que siente la protagonista?" "¿Te sentirías tú igual?", ¿Por qué?" Y cuando ya esté usted listo, inicie la continuación de la cinta y vea si el pronóstico de su niño es el correcto. Discuta su respuesta con él. Si, ya sé que es horrible ver una película con interrupciones y que alguien esté haciendo preguntas, pero encuentre la manera de salir adelante graciosamente porque es importante que los niños sigan interesados.

Tal vez las preguntas que usted haga sean algo frustrantes o molestas para su hijo, pero no deje que se le escapen los niños cuando la respuesta es que la película es "buena" o algo por el estilo. Recuerde que estamos tratando de obtener respuestas más largas, bien pensadas y bien sustentadas. Recuerde que la meta de usted es crear pensadores de alto nivel.

Esta discusión ayuda a sus hijos porque dado que están viendo una película, es algo más tangible que abstracto. Ellos no necesitan crear una imagen en su cerebro. Pueden verla y escucharla. Partiendo de lo concreto, usted puede avanzar hacia lo abstracto al cuestionarlos. Como ejemplo, el siguiente diálogo debe ayudarle a aclarar esto. Imagínese que está dirigiéndose a adolescentes, lo propongo porque ellos pueden ser más difíciles. Sin embargo, cuando el proceso va dirigido a niños más pequeños, seguramente será más sencillo.

"Oye, ¿qué piensas de esta película que traje del videocentro? Parece que es buena.

"Ajá."

"¿De qué crees que trata?"

"No tengo idea. Lee lo que dice atrás en la caja".

"Aquí dice que se trata de una chica que experimenta un evento que le cambió la vida. Suena interesante."

"Eso es lo que tú crees." (Ya sé que este tipo de respuesta es para alterar a cualquier padre, pero aguántenlo.)

Una vez que comiencen a ver la película, por favor continúen con la conversación.

"Oye, te dije que era muy buena y creo que te gusta."

"¡Mamá!"

"Ya, ya. De aquí en adelante no hablaré."

(En algún buen momento de la película, pongan la pausa. La mayoría de las películas tiene interconstruidas aquellas partes en que se puede detener la cinta antes de que suceda algo interesante. Estos son los puntos que ustedes pueden aprovechar.)

"Oye mientras Papá va por más palomitas, dime ¿qué crees que sucederá?"

"Seguramente la van a salvar".

"Sí, pero cómo."

"Pues, no sé."

"Seguro que van a llamar a alguien."

"Mamá, no pueden; están en medio del mar."

"Tienes razón. ¿Qué piensas que harán?"

"Pues, tal vez la lleven a la playa, y…"

Posteriormente, cuando la película continúa, díganle en secreto "Oye, tu pronóstico fue casi correcto."

"Sí, ya sé".

Espero que este ejemplo les brinde una buena idea de lo que pueden hacer. Existe un número ilimitado de preguntas que pueden hacerse. Lo importante es que ustedes hagan pensar a sus hijos y que ellos expresen su pensamiento.

Cuando ustedes preguntan sobre qué cree que trata la película, ustedes hacen que su hijo vea la cubierta de la caja y la interprete. Normalmente, las imágenes de la cubierta y el título nos dan la idea principal sobre el tema de una película o un libro. Su hijo deberá tomar esas ideas y encontrar la manera de expresar lo que significa para él.

Todo aquel que lee y escribe debe tener la capacidad para interpretar la idea principal, aun cuando sea durante el momento en que ve una película. ¿Recuerdan el ejemplo que aparece en la Carta No. 17 sobre la familia que comparte fresas? La idea principal era que cada uno de los miembros de la familia amaba a los otros lo suficiente para pasar por alto el placer de comerse las fresas, y las ofrecía a otro de los miembros de la familia que podía también disfrutarlas. Sin embargo, si esa historia se convirtiera en libro, seguramente la cubierta mostraría la imagen de una familia comiendo fresas. Entonces ¿podríamos decir que el libro trata sobre una familia que cede las fresas a otro miembro de la familia para que las disfrute? Seguramente no.

Esa es la belleza de pronosticar. Se reciben sorpresas aquí y allá porque uno construye su propio pronóstico basado en lo que uno ya conoce y lo que le es familiar. Así pues, cuando usted hace la pregunta, en realidad pídale a su niño que recuerde lo que ya sabe –que interprete eso y lo incorpore a la nueva información que está recibiendo.

Cuando le pide al niño que le diga cómo piensa que se resolverá el problema, nuevamente el niño debe interpretar toda la situación y armar su respuesta. En muchas formas está sintetizando y analizando la información para crear algo nuevo. No importa si esa nueva creación es un pensamiento. Ese pensamiento contribuirá a otros pensamientos que continuarán creciendo y desarrollándose.

Si nos enfocamos en la parte del pronóstico, aquella en que usted le dice “Oye, tu pronóstico fue casi correcto” en realidad usted está dándole crédito al niño por algo bien pensado. A los niños les gusta que se les reconozca. ¡A todos nos gusta! El reconocimiento nos impulsa a seguir adelante porque es sustancial. En otras palabras, su niño ha tomado un tipo de acción que convierte en algo real su felicitación. Piénselo. Cuando a ustedes alguien les dice “bien hecho” ustedes se percatan cuando es verdad y cuando no lo es. Hay muchas ocasiones en que felicitamos la conducta por cosas triviales, que no tienen mucho valor. Los niños se percatan de la inutilidad de ese tipo de felicitaciones. Busquen aquellas situaciones que valen la pena y en ellas feliciten al niño.

Como siempre, espero que esta información aclare un poco las cosas para ustedes.

Amorosamente,
La maestra de su hijo

CARTA 22

Conectando las ideas con la escritura

Queridos padres,

Ustedes me han pedido que les explique cómo aplicar a la lectura y la escritura, la técnica de cuestionamiento que previamente mencioné (la que usamos con la película en la última carta). Como siempre, les prometo hacer lo mejor que pueda. Ambas, la lectura y la escritura, funcionan en forma similar. Convierten los pensamientos concretos en abstractos y viceversa. Esta es su naturaleza. Así que cuando hablamos sobre responder a preguntas, estamos tratando de que nuestros hijos piensen y expresen sus pensamientos.

La técnica es sencilla. Comience como si fuera una conversación entre usted y su hijo. Mientras se sienta como diálogo, tendrá éxito. En el momento en que se convierta en interrogatorio, se cerrarán las puertas. Otra cosa que debemos tener en mente a lo largo de la conversación, es no predicar. No importa si usted tiene o no la respuesta. A nadie le gusta que nos prediquen, pues puede parecer un sermón, y frecuentemente una regañada. Recuerde, su misión no es impartir conocimiento; usted está allí para ayudar al niño a mejorar a través de su propio descubrimiento. (Aun cuando en ocasiones usted necesite parecer tonto.)

Cuando su hijo esté leyendo (y trate de que lo haga por un mínimo de 30 minutos diarios), conversen sobre la historia que está leyendo. No es necesario hablar de ello mientras realmente se encuentra leyendo; puede hacerse después, posiblemente mientras toman la cena o antes de ir a la cama.

Una buena manera para comenzar es preguntarle que sucede en el libro que está leyendo el niño. Mientras su hijo trata de explicarlo, ponga mucha atención a lo que describe y formule preguntas y confirmaciones del tipo siguiente: "Muy bien, ¿y qué piensas que va a suceder?" (Está pronosticando), "Oh, ¿no crees que lo haga?" (Está interpretando las motivaciones del personaje), ¿De veras? No me habías platicado eso" (con lo que muestra interés en lo que el niño tiene que decir), y "vas a tener que contarme que sucede después. Estoy muy interesada" (para confirmar que su niño tiene razón en tratar de pronosticar).

Todas estas preguntas son las que usted haría cuando alguien describe un programa de televisión o una película y generalmente hacemos ese tipo de preguntas al hablar con una amiga. ¿Por qué no hacer que nuestros hijos participen en conversaciones de este tipo respecto de sus lecturas? Hay ocasiones en que pensamos que no tenemos de qué hablar con nuestros hijos porque normalmente no dialogamos con ellos; así que este tipo de conversación puede ser el punto de partida.

En caso que a su hijo no le guste leer, observe qué es lo que ve en televisión y hágale preguntas al igual que a un amigo en el trabajo cuando hablan sobre un espectáculo reciente. Desde luego, se acepta que usted no tenga los mismos intereses que su hijo, pero trate de ver las cosas desde la perspectiva del niño. He leído varias colecciones de libros que se han escrito con esta intención Mis hijos y yo disfrutamos mucho de las serie de Percy Jackson por Rick Riordan. Llegó un punto en que ellos no me querían decir que estaba pasando para obligarme a que yo leyera los libros.

También descubrí que mientras analizamos las tramas y complejidades de las historias, lo chicos demostraron que tenían montones de ideas propias. Lo más interesante es que ellos pueden relacionar los temas y las ideas comunes con otros libros, personas y circunstancias. Los maestros llamamos a estas relaciones "conexiones del mundo con uno mismo" y "conexiones del texto con uno mismo". Estas conexiones son estupendas porque significan que nuestros hijos están recordando circunstancias similares y las están interpretando. Ellos continúan desglosando la información y la comparan y contrastan con aquello que están leyendo (o están viendo, cuando ven algún espectáculo). Posteriormente evalúan lo que vieron y deciden si es similar o es diferente. ¡Eso es una enorme cantidad de pensamiento!

Ahora bien, ¿qué es lo que ustedes deben hacer? Deben decir algo como "¡Bravo! No se me había ocurrido. Explícamelo." Eso es todo. Su hijo estará encantado porque usted le está poniendo atención. Cuando usted lo escucha le indica que él es valioso para usted. (¿No les parece que eso es mejor que comprarles un juguete para decirles que ustedes lo consideran valioso?) Las acciones de ustedes ayudan a que la autoestima de su hijo crezca. Su hijo sabe que lo que él dice vale la pena. Su autoestima no se basa en falsos halagos, como decirle: "Eres súper". No, en realidad se basa en lo que dicen las personas más importantes de su vida –mamá y papá- y que consideran que el niño tiene cosas interesantes que decir.

¡Le han obsequiado a su hijo algo muy valioso! Imaginen el poder que tiene este pequeño incidente multiplicado mil veces. Ustedes y yo podemos hacer la diferencia. Somos capaces de ayudar a su hijo. Debemos trabajar juntos en esta sencilla tarea porque una vez que comienza... bueno, no sabemos qué tan lejos llegará, aunque hay algo seguro: va a producir muy buenas relaciones y buena capacidad de escribir.

A ustedes les interesaba saber cómo construir la autoestima de su hijo, se relaciona con su capacidad para escribir. Bueno, él comprende que tiene una voz, una voz maravillosa, que indica que él es interesante y tiene cosas buenas que decir. Ahora ya estamos listos para comenzar el proceso de la escritura.

Cuando digo esto, sé que estoy hablando por todos los maestros: ¡Muchas gracias! Ustedes hacen la diferencia en el salón de clases.

Amorosamente,
La maestra de sus hijos.

CARTA 23

La importancia de establecer límites

Queridos padres,

Espero que las ideas previas les hayan sido de utilidad. Por favor recuerden que cada uno de ustedes es distinto y que nuestros hijos también lo son. La clave para trabajar con estas ideas es hacerlo al propio paso y, lo más importante, encontrar la manera de equilibrar todo ello. Al considerar esas ideas y el impacto que tendrán en la manera de pensar y de escribir de su hijo, recuerde que es usted quien conoce mejor a su hijo. La única persona que puede establecer el ritmo correcto para su familia es usted.

Hay momentos que son más sencillos que otros para dar seguimiento y conversar con su niño. Habrá ocasiones en que usted no quiera hablar. Tal vez se encuentra cansado o molesto, o solamente quiere aislarse un poco y no se siente listo para escuchar a su hijo. Está bien, somos humanos. Debemos respetar nuestros sentimientos porque cuando no lo hacemos nos convertimos en una vasija sin contenido que tiene muy poco que ofrecer.

Yo he aprendido a respetar esos momentos. Necesito "tomar mi tiempo", y también *ustedes*. Por favor recuerden que este juego que se llama ser padres, es un juego donde se da y se recibe, y la primera persona que debemos cuidar somos nosotros. Así que si responden "No", respeten su derecho a decirlo, "No". Eso no nos convierte en malos padres. Solamente nos acepta como humanos. También su hijo debe entenderlo. Hay muchos padres que no saben cómo respetarse ellos mismos. Es necesario que lo hagan. Cuando ellos se respetan a sí mismos, también sus hijos van a respetarlos.

Hace muchos años, toda mi familia estaba viendo la televisión. Todos teníamos hambre y mi papá se levantó para prepararnos algo ligero para comer. Mientras tardaba en llegar la comida, me levanté para averiguar que sucedía. Bueno, pues no llegaba la comida porque mi papá estaba sentado comiendo lo suyo. Recuerdo que le pregunté si había preparado algo para nosotros. Su respuesta fue sencilla. "Para cuidarlos a ustedes apropiadamente, primero debo cuidarme yo". Él entendía bien la importancia de atender su apetito, si es que buscaba que su familia pudiera atender su propio apetito.

Hace unas noches, yo estaba en la cama tratando de dormir cuando mi hija vino para platicar conmigo. Acepto que me gusta mucho hablar con ella, pero yo estaba tratando de dormir, y no se trataba de una situación crítica de vida o muere. Le dije que hablaríamos por la mañana, y así lo hicimos. Pudimos hablar en el auto mientras la llevaba a casa de su amiga.

Lo que quiero decir es esto: Cuídense ustedes mismos también. Hagan todo lo que puedan para encontrar el equilibrio que funcione bien para ustedes. El libro que se llama "Boundaries" (*Límites*) escrito por el Dr. Henry Cloud y el Dr. John Townsend nos brinda una enorme percepción sobre la manera de hacerlo, aun con su familia. El libro muestra la manera de establecer parámetros gentiles pero firmes para aquellos que amamos. Si usted es como muchos de nosotros que tenemos problemas para decir "No" a los demás, este libro puede ayudar. A mí me ayudó, y yo sé que puede ayudarlos a ustedes.

Antes de continuar la plática sobre la escritura, sólo quería recordarles que ustedes cuentan y son importantes. Los cambios que ustedes logran en sus hijos en muchas ocasiones pueden hacerlos que se sientan solos. Sepan que no lo están. Hay muchos recursos para ayudarlos a lo largo de ese camino. Búsquenlos. Ustedes son padres y madres extraordinarios, pues buscan la manera de cambiar a fin de ayudar a sus hijos. Eso, por sí mismo, dice mucho.

Aguanten, y sepan que las recompensas valen la pena.

Amorosamente,
La maestra de su hijo

CARTA 24

El desarrollo de las habilidades del lenguaje

Queridos padres,

Mientras me preparaba para conversar con ustedes sobre la escritura, me percaté que no hemos hablado de nuestros pequeños. Me di cuenta de ello cuando escuché a una madre hablar con su hijito en la tienda de abarrotes.

Caminaba por la tienda eligiendo los productos, cuando observé y comencé a pensar en el desarrollo de los lactantes y bebés. Los pequeñitos adquieren el lenguaje a una velocidad increíble. Según lo que he estudiado, los niños adquieren el lenguaje a base de la interacción constante con quienes los rodea. Observan nuestro lenguaje corporal y escuchan los sonidos que emitimos. Ponen atención a nuestro tono de voz, y son capaces de interpretar con mucha precisión lo que está sucediendo. Esta habilidad es extremadamente importante en su desarrollo porque coloca la cimentación que nuestros niños necesitarán en la escuela, y en la vida en general. Mientras más interactuamos con ellos, será mejor para su desarrollo.

Pensaba sobre la manera en que nuestros niños aprenden, cuando observé a otra madre con su hijo. La madre estaba cansada y necesitaba descansar. Así que tomó su teléfono y se lo dio al niño. El niño se distrajo con el teléfono y eso permitió a la madre continuar haciendo compras. El niño recibió cierto tipo de estímulo, pero no había un lenguaje corporal que le permitiera interpretar lo que veía. En muchas formas, el niño era un "estudiante pasivo". A pesar de que apretaba los botones, no recibía el beneficio completo de la interacción con otra persona. (Por favor no piensen que los estoy criticando. Yo he estado en esa posición muchas veces, y entiendo perfectamente que todos necesitamos un descanso.)

Al observar esta segunda madre, recordé una conversación que tuve con una amiga que es terapista del lenguaje. Ella me comentó que en los últimos años ha recibido muchos niños que no han desarrollado habilidades de lenguaje, tales como hablar correctamente, saber expresarse, procesar el lenguaje (que es el proceso por medio del cual entendemos los conceptos que escuchamos) y otros problemas de desarrollo del lenguaje. Lo que ella encuentra muy triste es que muchos de estos casos podrían evitarse, si solamente los padres interactuaran y hablaran con sus hijos. Por favor ténganlo en mente.

Ella me proporcionó un ejercicio sencillo que podría ayudar a madres y padres a desarrollar las habilidades del lenguaje y del pensamiento en los niños pequeños. Seguramente ustedes lo conocerán y lo recordarán de su propia niñez.

Vayan a la tienda de abarrotes, al mercado de frutas y verduras, o a cualquier tipo de almacén y muéstrenle los distintos tipos de vegetales, frutas, carnes o productos lácteos que vea. Digan el nombre y tómenlos para que su niño pueda tocarlos. Algunos de ustedes posiblemente temen que el niño estruje los productos. Sí, es posible que lo haga, pero lo importante es que usted va a enseñarle al niño como tomarlos y sostenerlos. Es mejor enseñarles, desde el principio, como sostener e interactuar con las cosas y las personas, que vivir con un pequeño "destructor".

La mayoría de los niños quieren complacerlos. Si usted toma el tiempo necesario para enseñarles cómo hacer las cosas y les permite practicar, podrán hacerlo bien. Piénsenlo. "Hijito, este es un melocotón y es muy, muy delicado. ¿Quieres tratar de sostenerlo? "¡Sí!" "Muy bien. Te voy a decir cómo hacerlo. Coloca tus manitas alrededor. Trata de hacerlo con más cuidado. Así está mejor". "¡Vaya! Creo que se cayó y el melocotón se dañó. Vamos a ponerlo en una bolsa y vamos a pagarlo. La próxima vez que estemos aquí lo intentaremos otra vez. Para ser el primer intento, estuvo bien."

Este proceso lleva tiempo, pero los beneficios de hacerlo son enormes porque usted le está enseñando al niño. El niño aprenderá, y va a transferir este conocimiento a otros entornos. Como ejemplo de los beneficios que recibirá el niño con esta lección es que cuando usted vaya a visitar a alguna amiga y lleve al niño, su amiga no deberá guardar todo pues sabe que su niño se portará bien.

Regresemos a la tienda de abarrotes. Mientras su hijo sostiene los vegetales, platique con él sobre ellos. Este nabo ¿es suave o es áspero? ¿A qué huele el repollo? Al colocarlo en una bolsa, discuta si es ligero o pesado. Péselo y luego hable sobre de eso. Tal vez usted avance mucho y decida preparar algo en conjunto con su niño. "Oye, cuando regresemos, podemos lavar el pepino y probarlo con limón y sal".

Al sostener estas sencillas conversaciones, usted va a ayudarlo a establecer un vocabulario grande y variado para que el niño pueda expresarse bien. Usted le ayuda a construir un conjunto de conocimientos que podrá aprovechar cuando llegue a la escuela. Pero lo más importantes es que usted va a crear esos momentos de vinculación con su hijo. Esos perduran toda la vida.

Amorosamente,
La maestra de su hijo

CARTA 25

Desarrollo de historias y creatividad

Queridos padres,

Estoy recordando otro juego muy fácil y simple para que jueguen con sus niños. Puede jugarse en cualquier lugar y en cualquier momento. Lo único que necesitan es un cuento y un niño. Es fácil ¿verdad?

Comenzamos con una historia inventada o verdadera. Conforme nos volvemos mejores para contar historias y cuentos, podremos transferirlas más fácilmente al papel, ya sea como dibujos o como escritos. Creo que al final necesitaremos un lápiz y papel. Aquí vamos.

Mientras van en el auto, están cenando o haciendo mandados, comience por contarle un cuento a su hijo. De ser necesario, invente usted el cuento. Generalmente esos son los mejores porque sus niños pueden ser los principales actores en ellos. Voy a comenzar yo contando uno. Este lo contaban mis padres, para mis hermanos y para mí.

"Un sábado en la mañana, había unos niños que vivían en ______________________________."

"Oye, ¡esa es nuestra casa!"

"¡Oh!"

"¿Y cómo se llaman los niños?"

"Jorge, Johnny, Lydia, y Dana."

"¡Oye! ¡Somos nosotros!"

"Sí, esos son. Pues ellos fueron al zoológico a ver una jirafa."

"¡Igual que nosotros!"

"Creo que sí. Mientras mama y papa los paseaban por el zoológico, vieron una gran lengua color púrpura."

"¡Era de la jirafa!"

Como pueden darse cuenta, en realidad los niños recuerdan cosas o están creando el cuento. Eso es bueno porque están usando su imaginación y su capacidad para recordar información. Cuando los niños usan su imaginación y recuerdan eventos, comienzan a conjuntar ideas e información. Pueden inventar que la lengua de la jirafa es púrpura porque comió helado de uva. Es una idea válida. Lo que ustedes deben provocar es contar un cuento de cualquier clase. Eso permite que los niños piensen y usen su imaginación.

Este sencillo ejemplo genera un momento especial en la vida. Sus niños pueden agregar todo lo que les venga en mente para continuar el cuento. Lo que quiero decir es que algunos de los mejores cuentos son aquellos que representan un pequeño momento en el tiempo. No es necesario hablar de lo que sucedió en la mañana en el zoológico, ni lo que pasó rumbo a casa. Cuando nosotros ayudamos a nuestros niños a enfocarse en una pequeña idea concreta, les ayudamos a colocar los detalles en ese escenario pequeñito.

Permítanme darles un pequeño ejemplo de lo que podría ser la escritura inicial de un niño y luego les diré lo que nosotros, como maestros, tratamos de lograr.

"Hoy nos levantamos y fuimos al parque. Luego jugamos, fuimos al tobogán y a los columpios y al arenero. Luego regresamos a casa."

Este ejemplo pequeñito es muy similar a lo que podemos esperar de un niño de primer año. Sin embargo, necesitamos que los niños se enfoquen en incidentes pequeños porque es allí donde encontramos profundidad y riqueza en el lenguaje y el pensamiento. El ejemplo anterior es una lista de cosas o eventos en el parque. Ahora voy a darles un ejemplo de cómo se ve la buena escritura de un escritor cuando está en segundo año:

Cuando jugaba en el parque, mi amigo Juanito encontró una cubeta. Nos fuimos al arenero y jugamos un buen rato. Primero jugamos a que la cubeta era un dragón que se comía toda la arena porque ¡tenía mucha hambre! Luego, queríamos hacer un castillo y llenamos la cubeta y la volteamos boca abajo. El castillo era muy grande. Usamos un palito para hacer una bandera. Después le dijimos adiós al castillo y dejamos allí la cubeta.

¿Pueden ver la diferencia? Esta segunda narrativa es pequeña y está llena de detalles. Podemos imaginar a los niños jugando en la arena. Comparada con la otra escritura, está más enfocada; tiene un inicio, una parte media, y un final. También usa palabras que correctamente indican secuencia, como "primero", "luego", y "después". Es posible lograr este tipo de escritura. Su hijo puede escribir de esta forma si le ayudamos a enfocarse y pensar en el proceso – desde el inicio hasta el fin.

Hay muchas maneras de enseñar a escribir, pero una muy poderosa es buscar que los estudiantes recuerden estos momentos importantes en su vida. Cuando los recuerdan, ellos se inspiran. Inicialmente podrán decir algo muy sencillo, como "Fui al parque".

Luego, nosotros trabajamos para desarrollar esta idea. Al caminar con ellos podemos guiar su forma de pensar. Por ejemplo:

"¿Por qué fuiste al parque?

Me llevaron mi mamá y mi papá.

Fuiste entonces con mamá y papá. Veo que también fue tu hermanita."

"Sí."

"¿Qué hiciste en el parque?"

"Buscamos ardillas."

"¡Seguro que fue divertido!"

"Si. Las ardillas corren mucho y suben a los árboles."

Como ven, estamos ayudando a los niños a expresar lo que él o ella están viviendo. Esto es mucho más fácil cuando los estudiantes están acostumbrados a conversar con otros. Así ya no es un concepto tan extraño para ellos.

La tarea no es fácil. La mayoría de los estudiantes pasan trabajos para saber qué es lo que deben escribir. No se percatan de la importancia que tienen estas pequeñas interacciones en sus vidas. Tampoco se percatan que todos los detalles que hacen que un evento sea relevante son indispensables para crear un buen proyecto escrito.

Cuando los niños recuerdan esos momentos importantes en sus vidas, comienzan a definirse como individuos. El descubrimiento de lo que es importante para ellos que se logra gracias a las conversaciones y a lo que escriben, les permite analizar aquello que para ellos tiene valor. Mientras más interactúen con ustedes, los valores de ellos reflejarán los de ustedes. Son ustedes quienes dan forma a sus hijos. Lo que ustedes expresan tiene un gran efecto en la vida de ellos.

Los maestros ayudamos a dar forma a los aspectos académicos del niño, pero quien verdaderamente da forma a los niños son ustedes, y así debe ser. Luego, eso se refleja en la escuela.

Amorosamente,
La maestra de su hijo

Postdata: Yo aprendí como los niños pueden escribir de los pequeños momentos en sus vidas a través de Lucy Calkins. Su programa de escritura me enseño muchísimo. Lo pueden encontrar por El proyecto de Lucy Calkins. ¡Búsquenlo!

CARTA 26

El desarrollo del cerebro de su hijo

Queridos padres,

Cuando mi hija era muy pequeña, asistí a una conferencia del Dr. Bruce Perry en una cierta universidad. El Dr. Perry fue docente en la muy prestigiosa Universidad de Chicago, y actualmente enseña en la Universidad Northwestern. Además se dedica a la investigación sobre cómo ayudar a niños que experimentan crisis en sus vidas. Es un profesional reconocido a nivel mundial que puede enseñarnos mucho sobre cómo la interacción que tenemos con nuestros hijos, les puede ayudar a convertirse en seres humanos sanos emocionalmente.

Una de las cosas que el Dr. Perry dijo aquel día, se quedó impreso en mi memoria y corazón, y se ha convertido en una de las más grandes motivaciones de mi vida, como madre y como maestra. Lo que dijo fue que cada vez que hablamos e interactuamos con nuestros hijos, el cerebro genera conexiones neurológicas determinadas.

Cuando hablamos con nuestros niños, participamos en esas conexiones neuronales que se generan en su cerebro. ¿Y qué significa esto? Bueno, significa que cada neurona en el cerebro de nuestros hijos se conecta con otra, creando un patrón de señales. Cuando hablamos e interactuamos con nuestros hijos sus neuronas se conectan unas con otras. Permítanme darles un ejemplo.

Supongamos que tiene usted una información muy interesante que quisiera compartir con un amigo. Levanta el teléfono y marca su número telefónico. ¡Listo! Logro comunicarse y pudo compartir la información. Su amigo también se emociona con esta información y decide que también quiere compartir la noticia con su hermana, así que le llama por teléfono y le cuenta. La hermana hace lo mismo con alguien más y entonces se establece una maravillosa cadena de comunicación.

Cada vez que alguien llama a alguien más, la información se impregna un poco más en la vida de cada una de las personas, hasta que se convierte en parte de lo que piensan y de cómo actúan. Esto es muy similar a las habilidades de lenguaje de nuestros niños. Mientras más escuchen e interactúen en conversaciones significativas y relevantes con adultos, más fuertes serán sus conexiones neurológicas relativas al lenguaje. Cada vez que se canta una canción, las neuronas reciben la información y forman conexiones más fuertes entre ellas.

Estas conexiones son importantes para que los receptores lingüísticos en los cerebros de nuestros hijos sean fuertes y sanos. El Dr. Perry también dijo en aquella ocasión que al jugar y hablar con nuestros hijos, fomentamos estas conexiones cerebrales que los ayudan a estar listos para la escuela. Cuando les leemos a nuestros niños, ayudamos a su desarrollo cerebral.

Las investigaciones del Dr. Perry le han llevado a conocer los tipos específicos de conductas que resultan en individuos fuertes y saludables. Sus estudios ayudan a los maestros, pues promueven el desarrollo del lenguaje a través de pequeñas y grandes interacciones con los niños. Recuerden que las habilidades lingüísticas de sus hijos serán un factor determinante sobre como el o ella perciban al mundo. Este desarrollo se trasladará de forma automática al éxito académico de sus hijos.

Espero que decidan investigar más sobre el Dr. Perry. Pueden hacer una búsqueda en internet. Se maravillarán de todo lo que ha descubierto. También hay algunos videos suyos en YouTube, son muy educativos y fáciles de entender. Y lo más importante de todo: sus ideas revolucionarias tal vez puedan ayudarles a cambiar el enfoque que tienen de ustedes mismos con respecto al papel que desempeñan en su desarrollo y educación.

Como siempre, gracias por escucharme.

Amorosamente,
La maestra de su hijo

CARTA 27

Convirtiendo Ideas en Escritos

Queridos padres:

Pienso que es hora de explicarles cómo los maestros manejamos todos estos conceptos tan distintos, de los que he hablado, y los incorporamos a la escritura. Una buena explicación sería ayudar a hacer que las cosas sean más sencillas para que ustedes comprendan que está sucediendo en el salón de clase cuando se enseña a los niños a pensar para escribir. También les ayudará a percatarse de qué deben buscar en la escritura de su hijo.

Así que vamos a revisar lo que hasta ahora hemos aprendido. Escribir es una habilidad que acomoda todos nuestros pensamientos en forma de escritura. Mientras mayor sea la exposición al lenguaje que tiene el niño, más sencillo le será aprender cómo escribir. Por lo tanto, el desarrollo del lenguaje en sus primeros años es crucial para desarrollar una buena manera de escribir.

Lo más importante, es que el lenguaje se desarrolla a través de conversaciones, juegos y canciones, porque eso promueve el pensamiento. Mientras más fluida sea la forma en que piensa un niño, más fácil le será expresarse y darse a entender, lo que promueve una buena autoestima y un sentimiento interior de bienestar. Las personas clave para promover el lenguaje de su niño son ustedes, la madre y el padre, puesto que ustedes son quienes pasan la mayor parte del tiempo con sus hijos. Cuando se habla regularmente a los niños, ellos están mejor preparados para el aprendizaje académico porque hemos ayudado a que su lenguaje se desarrolle y florezca. Las bases están bien establecidas.

Ahora que su hijo o hija sabe expresarse en forma sencilla y fluida, nosotros los maestros podemos comenzar a enseñarle cómo escribir. Hay diversas técnicas que empleamos para promover la escritura, pero los maestros generalmente usamos una mezcla de todas ellas porque las personas aprendemos de diversas maneras (son formas de aprendizaje visual y auditivo). Lo que hacemos sirve mejor a nuestros estudiantes cuando incorporamos estas modalidades porque nuestros niños tienen a su servicio diferentes modalidades entre las que pueden escoger cuando son mayores.

También debemos considerar que a través de la experimentación, los niños encuentran lo que más les viene bien. Dado que nosotros los maestros no podemos saber qué es porque cada niño es distinto, tratamos de presentar una buena selección de técnicas para escribir y para pensar que les ayude y los estimule a producir una buena expresión escrita. Sin embargo, la base para cimentar todas las técnicas es el desarrollo del lenguaje, que tiene lugar en los primeros años en el hogar.

Uno de los métodos que los maestros empleamos se llama "Totalidad del Lenguaje". Este método combina un conjunto de habilidades para producir la escritura. Esas habilidades incorporan escuchar, hablar, leer y escribir. El método realmente combina todo lo que hemos dicho hasta ahora. Primero escuchamos y procesamos lo que se dice (escuchar), y luego lo incorporamos a nuestros pensamientos por medio de palabras (hablar). Ese intercambio verbal ayuda para aclarar lo que pensamos. La aclaración va seguida por la incorporación de ideas que leemos. Y, finalmente, podemos expresar estos conceptos en forma escrita.

Cuando el niño es muy pequeño, solamente puede dibujar y hacer garabatos. Esta etapa va seguida de la colocación de etiquetas a lo que está ilustrando. Las etiquetas muchas veces se establecen con el sonido de las palabras que expresa. Los niños dicen fuerte una palabra y la escriben como les suena. ¿Se acuerdan del ejercicio del que les comenté en la Carta 20 en que ustedes ayudan al niño a que diga las palabras? Es correcto que las digan en voz alta. Eso se llama ortografía inventiva porque el niño escribe lo que el sonido que escucha le indica.

En esta etapa, no importa si el niño escribe la palabra "casa" con "C" o con "K". Lo importante es que está intentando escribir y ya está pensando. Al procesarlo, nosotros corregiremos esa ortografía inventada. Sus niños aprenderán todos los detalles de la ortografía y la gramática para poder escribir bien. Pero lo importante es que no queremos interrumpir el proceso de pensamiento, porque eso es lo que realmente importa. Cuando dejan de pensar porque tienen que concentrarse en la ortografía, estoy enviando el mensaje equivocado ("no lo haces bien") y el pensamiento se detiene porque el niño se siente avergonzado y frustrado. Es mejor que se concentre en desarrollar ideas y posteriormente corregir ortografía, gramática, puntuación y esas cosas.

Al avanzar el año escolar, yo les entregaré listas con ortografía para que sus niños las estudien. Es importante que las estudie. Cuando se le obliga a aprender como deletrear esas palabras nada más con el sonido, y las escriben tres o cinco veces por noche, y escriben una oración con cada una de ellas, en realidad les estoy ayudando a sus hijos a retener la información, a reconocer los patrones del lenguaje y a tener buena ortografía, además de desarrollar su vocabulario al tiempo que lo enriquece y a construir un buen enfoque y ser vigoroso.

Sí, se desarrolla el vigor ¡a través del estudio! Finalmente, le ayudo a desarrollar todas estas herramientas que son necesarias para que pueda expresar sus ideas. Por favor recuerden las conexiones neurológicas de las que hablé en la carta No. 26. Cuando los maestros mandamos a casa al niño con tarea, le estamos ayudando a construir las conexiones en las células cerebrales, lo que le ayudará a tener parones de pensamiento firmes. A través de la práctica es como se desarrollan esos patrones. Necesitamos que nuestros niños hagan tarea diariamente porque es la única forma en que podrán reforzar estos patrones y desarrollar su habilidad respecto a lo que se les enseña. Ayúdenos buscando que sus hijos hagan la tarea.

La gramática es clave para una buena escritura. El desarrollo del lenguaje les ayuda con la expresión de ideas. Hay una conexión directa entre cómo se escucha la expresión oral y cómo se escribe. Cuando se me pide que exprese mis ideas, podré escucharme a mí misma hablar. Cuando yo me escucho decir "Yo quiero a ti", de inmediato me doy cuenta que no es correcto, porque me escucho.

Necesitamos escucharnos hablar para poder corregir esos errores naturales. Inicialmente, los niños cuando son pequeños cometen al hablar esos errores gramaticales. Sin embargo, con la interacción constante a través de las conversaciones los niños pueden corregirlos y se percatan cuál es la secuencia gramatical correcta en nuestro lenguaje oral. Esto se traduce en la escritura. Si nosotros no podemos reconocer patrones orales gramaticales, esa falta de reconocimiento se reflejará en nuestra escritura porque nosotros escribimos lo que pensamos.

Una de las mejores maneras de ayudar a nuestros estudiantes a corregir esos errores gramaticales es pedirles que lean en voz alta lo que escribieron y que ellos mismos encuentren sus errores. Permítanme darles un ejemplo:

"Los niños camina al parque ayer.

¿Se dan cuenta del error? Por supuesto. La palabra "camina" debería estar en plural y en pasado. La forma correcta debería ser "Los niños caminaron al parque ayer".

Piensen en esto. ¿Cómo saben cuál es la forma gramatical correcta? Bueno, casi siempre sería porque al escucharla la reconocerían. Muchos de ustedes me pueden dar la regla gramatical correcta, pero la mayoría posiblemente no la conoce. Sin embargo, sabemos que nos damos cuenta que no está bien. Al conversar con sus hijos ustedes les ayudan a estructurar adecuadamente su lenguaje oral. Esa estructura se transfiere a la escritura.

La puntuación es importante porque nos dice dónde van las pausas naturales en el lenguaje escrito. También nos ayuda a definir qué es lo que se dice. Cuando un niño no sabe dónde comienza o termina una oración, va a crear una oración mal construida. Es de esas oraciones que nunca termina porque le agrega y le agrega ideas y todas van unidas con "y". Como ejemplo de este tipo de escritura, les ofrezco esto:

Fui al parque y jugué con mis primos y después tomamos el almuerzo y luego jugamos con las pelotas y luego tuvimos que alistarnos para volver a casa y yo le pregunté a mamá si Juanito podía quedarse a dormir y ella me dijo que estaba bien.

Creo que les queda claro. Esta es una oración muy larga. Cuando queremos que tenga mejor sentido, la cortamos de acuerdo con las ideas y debe quedar como esto:

Fui al parque y jugué con mis primos. Después de almorzar, jugamos con las pelotas. Cuando fue la hora de alistarnos para volver a casa, le pregunté a mamá si Juanito podía quedarse a dormir. Ella me dijo que estaba bien.

Enseñar a los niños dónde hay que hacer los cortes naturales en el lenguaje, no es fácil. Los maestros debemos enseñar a los estudiantes que las oraciones tienen un sujeto (quien o que es de lo que hablamos) y un predicado (qué está haciendo el sujeto o qué se dice del sujeto). Estos son términos abstractos y en muchos casos no vemos el sujeto ni lo que está haciendo. Tenemos que imaginarlo en nuestra cabeza. Como dije antes, esta idea abstracta no es sencilla porque muchos de nuestros estudiantes todavía están desarrollando sus patrones de pensamiento. Ellos necesitan ver lo concreto – en otras palabras, cómo lo entienden. Aquí es donde ustedes pueden ayudar. Mientras más conversamos con nuestros hijos, mejor es la manera en que ellos pueden imaginar los conceptos abstractos. Por lo tanto, cuando comienzan a escribir están mejor equipados para hacerlo bien.

Me doy cuenta que esta es una explicación muy sencilla de la forma en que los maestros enseñamos a los niños a escribir. Sin embargo, solamente es para que ustedes entiendan qué es lo que hacemos en la escuela y por qué se requiere la ayuda constante de ustedes. La asociación que con ustedes compartimos es fundamental para el desarrollo académico de sus hijos. Ustedes colocan los cimientos sobre los cuales nosotros podemos construir.

Sin ustedes, los maestros batallamos mucho, porque ustedes son el cemento que nos ayuda a construir las diversas habilidades que juntos podemos alcanzar. Nosotros enseñamos habilidades y cómo desarrollarlas, pero ustedes representan el cimiento de lo que será su niño. Ustedes deben practicar junto con ellos.

Piénsenlo.

Amorosamente,
La maestra de su hijo

CARTA 28

Cómo establecer expectativas y la voluntad de perseverancia

Queridos padres,

En mi última carta les mencioné la tarea en casa y la resistencia. No entendieron muy bien a que me refería y me pidieron que se los aclare. Con mucho gusto lo haré.

Vamos a empezar con la resistencia. Es la habilidad que tenemos de sobrellevar algo. Digamos que queremos correr una carrera de cinco millas. No podemos nada más llegar a la competencia y correr. Tenemos que prepararnos para hacerlo. Esa preparación significa que tenemos clara cuál es nuestra meta final, y que debemos decidir cuál es la mejor estrategia para llegar a ella. Entonces decidiremos empezar a entrenarnos, tal vez comencemos corriendo media milla, y luego en algunos días otra media milla más.

Poco a poco, nuestra condición física soportará la competencia. En otras palabras, generamos resistencia. No es fácil, requiere paciencia y dedicación. Si continuamos con la práctica y el trabajo, finalmente podremos alcanzar nuestra meta. Imagínense corriendo la carrera.

Cuando recibimos educación académica, atravesamos un proceso similar. No vemos los resultados de inmediato porque, la gran mayoría de las veces, tratamos con procesos abstractos y aquello que percibimos no siempre es palpable. Pero si queremos tener éxito, sabemos que la educación juega un papel muy importante. Saber leer, escribir y hacer cuentas son habilidades que todos debemos dominar si queremos salir adelante en la vida. Mientras más dominemos estas habilidades, más fácil serán las cosas para nosotros.

Entonces ¿qué es la resistencia académica? Es persistencia. Cuando perseveramos en algo, al principio no vemos muchos resultados, pero poco a poco vemos pequeños cambios que finalmente se combinan y forman parte de una persona exitosa. Ahora, pongan mucha atención: no estoy diciendo que una persona sea exitosa por tener una carrera universitaria o porque gane mucho dinero. No, el éxito es otra cosa. Es la habilidad de ser feliz con lo que uno hace. Es, en gran medida, sentirnos satisfechos con nuestros logros y con lo que compartimos con las personas a nuestro alrededor. Es saber que podemos contribuir a nuestra sociedad y que nuestras contribuciones son importantes.

La siguiente pregunta es: ¿cómo desarrollo la resistencia académica en mi hijo? Bueno, es bastante fácil, siempre y cuando quieran dedicarle algo de tiempo. Significa un pequeño sacrificio inicial y un monitoreo constante hasta que su hijo alcance la meta. Aún así, lo maravilloso es que una vez que lo logre, su trabajo como padres será mucho más fácil pues habrán integrado esa resistencia en su sistema. Como con la mayoría de las cosas, el costo inicial es alto, pero las ganancias son inmensas.

Piensen en su hijo realmente listo para ir a la universidad. Ahora imagínenlo disfrutando de esa experiencia universitaria y aprovechando al máximo sus logros académicos. Todos queremos este éxito y sentido de satisfacción para nuestros niños. Es natural que los preparemos para ir a la universidad, pues la educación superior es uno de los muchos pasos que tal vez él o ella elijan tomar en el camino de la vida.

Ahora, voy a decir algo con lo cual tal vez no todos estén de acuerdo. La universidad no es para todos, pero la educación si lo es. ¿Qué quiero decir con esto? Pues que no todos los estudiantes están listos o no quieren ir a la universidad. Algunos se preparan para tomar otros caminos. Algunos de mis estudiantes aspiran a ser bailarines y fortalecer sus movimientos. Otros eligen carreras técnicas y prefieren trabajar con sus manos.

El punto es que no todos los estudiantes persiguen la educación académica superior. No todos los estudiantes quieren trabajar con conceptos intelectuales abstractos por el resto de sus vidas. El resultado es que muchas personas toman distintos caminos en la vida que contribuyen con nuestra sociedad de formas únicas. Howard Gardner, autor y psicólogo evolutivo nos dice que las personas aprenden a través de modalidades distintas, como visuales o auditivas, y que cada estudiante tiene una forma individual y distinta de aprender.

No todos encajamos en el mismo molde. Pero la educación académica es importante porque nos enseña a leer, escribir, hablar y hacer cuentas, entre muchas otras habilidades. Todas estas habilidades cuentan cuando se trata de educar seres humanos pensantes que contribuyan a la sociedad global.

Dicho esto, es momento de que les explique uno de los ingredientes más importantes en el desarrollo de la resistencia académica.

Empieza por establecer cierto nivel de expectativa para su hijo o hija. La meta es ser realista y preciso. Por ejemplo "vas a aprender a leer y a escribir bien. Para cuando termines la preparatoria, deberás leer al nivel apropiado y estar listo para la universidad". Si su hijo no es del tipo académico, la meta sería algo así: "terminarás la preparatoria y luego asistirás a un instituto profesional para perfeccionar tus habilidades" Es importante fijar una meta porque así se establece lo que ustedes esperan de su hijo. Recuerden, la mayoría de los estudiantes tratarán de alcanzar el nivel de expectativa que tienen de ellos, simplemente porque quieren que ustedes se sientan orgullosos.

Fíjenle una meta alta y hablen de ella frecuentemente. Vean cómo responde su hijo. Es importante hablar con él o ella sobre alcanzar esta mete. La conversación debe ser simple —por favor no les den sermones porque eso los desalienta. Mejor traten de decir algo así como "vi tu calificación en matemáticas y no saliste muy bien, ¿qué pasó? ¿Te puedo ayudar en algo?" Dele responsabilidad a su hijo, debe saber que él es responsable de sus calificaciones y su aprendizaje académico.

Piénsenlo, si no lo hacen, le estarían quitando a su hijo una parte integral de aquello que para el significa ser libre —la necesidad de comprender sus elecciones y las consecuencias. Necesitamos permitirles a nuestros hijos que experimenten el fracaso de vez en cuando, si queremos que tengan éxito en la vida. Aprendemos más de nuestros fracasos y errores que de nuestros logros. Por favor, dejen que su hijo sea responsable de una calificación reprobada. Es la única forma de que comprenda que tiene que estudiar más y trabajar más duro. Son lecciones de la vida muy valiosas.

Cuando fracasamos en algo, necesitamos regresar y tratar de nuevo. Y debemos enseñar a nuestros niños la importancia de hacer lo mismo. Tal vez nuestros hijos estén usando un acercamiento distinto, pero es necesario que le demos un respaldo. Toda la gente exitosa ha experimentado algún tipo de fracaso en sus vidas; su niño debe aprender a superar esto también.

Si usted tiene un contratiempo en el trabajo, es responsabilidad de usted, no de sus colegas. Si permite a su hijo aprender esta lección en la escuela, le estará dando un ambiente seguro para experimentar los contratiempos de la vida, así como la oportunidad para aprender como levantarse de nuevo cuando han fracasado.

Estas lecciones son muy importantes y solo podemos aprenderlas a través de la experiencia. Así que pongan una meta alta, y asegúrense de que sus niños sepan lo que se espera de ellos. Hablen del tema con frecuencia y denles el apoyo y confianza que necesitan.

Piensen sobre estos temas. En mi próxima carta, les explicaré los pasos para tener éxito desarrollando la resistencia académica de sus niños.

Amorosamente,
La maestra de su hijo

CARTA 29

Como enseñarles a nuestros hijos la perseverancia

Queridos padres,

Me da mucho gusto saber que estuvieron pensando sobre mi última carta. La preocupación que tienen por el bienestar académico y social de sus niños es evidente. Veo lo duro que trabajan para transformar algunas de sus viejas creencia y percepciones para ayudar a sus hijos. Como maestra, la admiración que les tengo es cada día mayor. Cuando intentamos cambiar a alguien más, debemos primero cambiar nosotros mismos y ustedes son la prueba viviente de esto.

Hace algunos días leí uno de los libros de mis estudiantes. Es una versión para niños de la vida de Gandhi. En la clase, discutimos sobre como la paz empieza con nosotros mismos, sintiendo paz y quietud en nuestros corazones. Decidimos que solo se puede cambiar al mundo una persona a la vez, y que la única persona a la que podemos cambiar es uno mismo. Todos los niños estuvieron de acuerdo con la idea de que tenemos un buen angelito en uno de nuestros hombros, que nos recuerda que debemos ser buenos; y en el hombro opuesto tenemos a otro angelito, no tan bueno.

Nosotros decidimos si nos portamos bien o mal, es nuestra elección. Somos los únicos que podemos decidir eso. Nuestra conversación terminó hablando de nuestras elecciones y llegamos a una conclusión. Cuando hacemos buenas elecciones, ayudamos a la gente a cambiar de forma positiva, y vice versa. En otras palabras, necesitamos asegurarnos de que hay congruencia entre lo que decimos y lo que hacemos. Y esto es lo que yo veo en ustedes.

Así que, ahora que he reconocido su trabajo y esfuerzo, permítanme darles la fórmula mágica para el éxito académico. Esta fórmula ha existido por muchos años. Muchos padres la han seguido, aunque apenas hace poco encontré las palabras para describirlo. El nombre me lo enseñó Ferney Ramírez, psicólogo que vino a nuestra escuela e hizo una serie de presentaciones sobre educación para el comité de la asociación *No Child Left Behind* (Que Ningún Niño Se Quede Atrás). Le agradezco infinitamente por haberme dado las palabras para nombrar una forma de actuar y de ser.

En cuanto decidimos que queremos establecer una rutina, la mejor forma es tomar algo que es normal para nosotros y transformarlo en una forma de vida. Todos sabemos cómo desarrollar malos hábitos. Solo hay que hacer algo constantemente y, de pronto, se convierte en una forma de vida. Esta fórmula mágica es similar, con la excepción de que estamos trabajando para crear buenos hábitos para nosotros y nuestros niños. En muchas formas, tal vez a nosotros nos cueste más trabajo al principio ser muy disciplinados y constantes.

Por favor, no dejen que este proceso los desanime. Les prometo que al final valdrá la pena, porque sus niños habrán aprendido a seguir rutinas de forma automática.

Primero que nada, piensen en algo que hacen normalmente y de forma regular. Puede ser tender su cama en cuanto se levantan. La actividad que sea, es algo normal porque tienen mucho tiempo de hacerlo así. Si continúan haciendo esto mismo, llegará un punto en que lo harán sin siquiera pensar, se convierte en una norma. Las normas son buenas porque significan actividades que hacemos con constancia —son parte de lo que hacemos cada día. Una norma que seguimos cada día, todos los días, se convierte en una rutina. ¿Establecimos esta norma a propósito? Probablemente no, pero aún así ya es parte de nuestra rutina.

De una u otra forma, esta rutina representa algo que es cómodo para nosotros. Somos creaturas de hábitos y esperamos que esta rutina tenga lugar en nuestro día. Cuando no sucede, de hecho nos sentimos mal porque necesitamos sentir esa familiaridad. De pronto, esta rutina ya se convirtió en un hábito. Empezamos a hacerlo sin siquiera pensarlo. Aquí es donde sucede la magia: donde su hijo integra sus acciones con sus pensamientos. No hay duda de esto porque hay congruencia entre lo que piensa y lo que hace.

Sin embargo, esta congruencia no llega fácilmente; como padres, van a tener que establecer estas rutinas con mucho cuidado. Pero una vez que lo hagan... ¡Magia! Su hijo ya sabrá que hacer sin mayor problema. La belleza de esto es que, en algún punto lo va a internalizar y entonces llevará a cabo esas actividades sin que tengan que recordárselo. ¿Por qué? Porque esta norma se encuentra tan inculcada en su mente, que se ha convertido en una forma permanente de pensar y actuar.

¿Cómo aplicar esto al trabajo escolar? No es difícil, solo requiere un conducta constante de parte de ustedes. De alguna forma, ustedes mismos estarán volviendo a educarse. No sé si alguno de ustedes haya visto el programa de televisión *Supernanny* (Niñera S.O.S. en Latinoamérica). En este programa, las niñeras les enseñan a los padres a establecer una serie de rutinas para sus hijos. Si lo han visto, se habrán dado cuenta de que los que más tienen que cambiar son los padres. Una vez que los padres entienden y aceptan la necesidad de establecer rutinas y límites, la paz y tranquilidad comienzan a surgir en el hogar.

En su casa debe pasar lo mismo. Ustedes son la autoridad, y deberán establecer las rutinas que mejor funcionen en su hogar. Si son permisivos, el mensaje que reciben sus niños es que los pueden manipular con palabras y conductas desafiantes. ¡Eso es algo que nadie quiere!

¿Por dónde comenzar? Bueno, les voy a contar lo que yo hice con mi hija y lo que le aconseje a mi hermana. Deben saber que no hay una forma única para establecer rutinas. Ustedes deberán encontrar el método que mejor se adapte a su hogar, aunque los principios son los mismos. Primero que nada, no se exijan demasiado y reconozcan lo increíbles que son al atreverse a cambiar su forma de ser y de actuar, con tal de ayudar a sus hijos. Eso merece un aplauso. ¡Estoy muy orgullosa de ustedes!

Bien lo primero que hay que hacer es establecer la rutina en sí y explicarle a su niño o niña de qué se va a tratar. Deben verbalizarlo con su hijo para que pueda internalizar la rutina como algo normal que debe esperar que suceda. Una rutina puede ser algo como esto: todos los días, a las cinco de la tarde, su hijo deberá sentarse a hacer la tarea. Un niño menor de tres años, deberá sentarse por diez minutos a que le lean un libro, y luego dibujará aquello que más le gusto. Platiquen de la historia. Al día siguiente, a la misma hora hagan lo mismo. Este proceso se tiene que repetir una y otra vez, todos y cada uno de los días para que se establezca una rutina para hacer la tarea. No se debe romper esta rutina, pues queremos que se convierta en algo que el niño verdaderamente internalice y comience a hacer automáticamente. En otras palabras, que se quede grabado en su forma de actuar y comportarse. Crear esta rutina cuando sus niños son aún pequeños les ayudará mucho a la larga, porque ya la esperan conforme van creciendo. "Tienes que hacer tu tarea bien y no hay pero que valga para no hacerlo. Si no tienes tarea, te vas a sentar a revisar operaciones de matemáticas, a leer o a adelantar algún trabajo. Si no tienes otra cosa que hacer, entonces te vas a sentar a repasar lo que te cuesta trabajo". Los niños entienden esto perfectamente, y no discuten, porque están acostumbrados a hacerlo. Créanme, hacer el trabajo por adelantado les va a ahorrar horas de discusión con sus hijos después.

El truco es enseñarle al niño o niña a asociar la hora del día con la tarea. Lo genial de esta rutina es que, poco a poco, aprenderá a sentarse y quedarse quieto. Aprenderá también a concentrarse y controlar su propia conducta. Recuerden, este cambio se va a desarrollar gradualmente, pero es algo que se puede lograr si son constantes. Ser constante significa seguir esta rutina, llueva, truene o relampaguee., aún si tienen otro compromiso.

Al principio, ustedes mismos tendrán que someterse a esta rutina para que su hijo aprenda a esperarlo como algo normal. Una vez que se establezca, entonces ya podrán hacer otras cosas, como ir a casa de la abuela, y explicarles: "vamos a ir a casa de la Abuela, pero aún así vamos a hacer la tarea. Hay que llevar tu libro de colorear y tus crayolas para poder hacerla". A las cinco de la tarde, se van a sentar con su niño. Tal vez ahora la Abuela pueda sentarse con él o ella, y ustedes tendrán un merecido descanso. El punto es no romper la rutina. Una vez que las cosas marchen bien, pueden decir algo como esto: "este fin de semana tenemos una fiesta de cumpleaños; ¿hacemos la tarea antes de irnos o después de llegar a la casa?". Lo que están haciendo es enseñarle a su hijo responsabilidad. Está aprendiendo que tiene que cumplir con sus obligaciones antes de jugar. Es una situación muy similar a la vida real.

Finalmente, llegará el día en que su niño entre al pre-escolar. La rutina será la misma. Lo único distinto es que ahora si tendrá que hacer su tarea real.

En cuanto termine de hacer su tarea, no lo dejen ir de inmediato a jugar, primero acaben con la rutina completa. ¿Por qué? Porque nuestra meta no es terminar la tarea para ir a jugar. Lo que buscamos es establecer una rutina; o sea, una conducta normal y esperada que se integrará a su forma de ser y comportarse. Si lo dejan salir a jugar de inmediato, entonces empezará a hacer la tarea mal porque lo único que quiere es acabar pronto para salir a jugar. Y esto no es lo que quieren. Quieren que sea capaz de concentrarse y hacer bien las cosas, y no hacerlas rápido y "al aventón". Yo le ponía a mi hija un temporizador. Fijaba el tiempo que duraba su rutina de tarea. Fue muy útil porque se dio cuenta de que no se trataba nada más de terminar la tarea; tenía que repasar también y adquirir el hábito del estudio. Este proceso fue gradual, y requirió de mucha paciencia y persistencia de mi parte. Pero dio muy buenos resultados.

Entiendo que ustedes tienen hijos muy pequeños y no pueden esperar que se queden quietos y se concentren una hora completa de tarea. Sin embargo, cada vez podrán esperar unos minutos más, porque están desarrollando resistencia. Poco a poco, podrán ser capaces de permanecer sentados un poquito más (no mucho, pero un poco más). Conforme vaya creciendo, también irá aumentando el tiempo de estudio. El tiempo ideal para un estudiante de primero de primaria es aproximadamente media hora. Este tiempo se deberá utilizar para hacer tarea, o repasar, si no le dejaron tarea.

A veces, los niños acaban muy rápido y quieren irse a jugar. Pero en lugar de eso, ayuden a desarrollar la habilidad del repaso. Si necesitan hacerlo, hagan que practiquen deletrear palabras, leer, sumar o restar. Hay libros maravillosos llenos de actividades que les pueden poner. Conforme vayan creciendo, van a asociar esta hora con la tarea y el estudio. Si, necesitamos estudiar. Todos necesitamos estudiar y repasar aquello que se nos enseña. Si establecemos una rutina efectiva en los primeros años de vida de nuestros niños, no les va a ser difícil en el futuro.

Acabo de darles mucha información. Creo que sería buena idea que traten de entenderla y procesarla. Podemos seguir hablando sobre las rutinas en mi siguiente carta.

Amorosamente,
La maestra de su hijo

CARTA 30

Desarrollar responsabilidad y disciplina ¿a quién le corresponde?

Queridos padres,

Tienen toda la razón. Los pasos que les describí con anterioridad son buenos para establecer rutinas. Son imprescindibles si queremos desarrollar disciplina. Por favor comprendan que disciplina no significa castigar ni regañar. Significa enseñar a nuestros hijos a auto analizar su propia conducta.

Cuando aprendemos a ser disciplinados, escogemos naturalmente terminar y cumplir con nuestra responsabilidad antes de salir a jugar. Enseñarles a nuestros niños la necesidad de cumplir con sus obligaciones es esencial. Conforme vayan creciendo, van a tener que ir a trabajar y seguir cumpliendo con otras obligaciones. Será mucho más fácil para ellos si tienen desarrollado un sentido de compromiso con sus estudios y otras actividades. Así no van a sentir la responsabilidad como algo tan pesado.

Esta herramienta que les acabo de dar les va a ayudar a desarrollar un sentido de responsabilidad y disciplina en sus hijos. Muchos libros de educación hablan sobre como desarrollar rutinas para los bebés. Estas rutinas son necesarias si quieren tener paz en su hogar.

También marcan a diferencia en el nivel de estabilidad que siente su hijo. ¿Por qué digo esto? Por que todos los maestros luchan por establecer y proporcionar estructura en el día escolar de los niños. La predictibilidad de los eventos ayuda a los estudiantes a disfrutar más de su día.

Los maestros establecen normas y rutinas desde el primer día de clases. Normalmente toma como un mes o dos para que las cosas funcionen de forma predecible. Una de las primeras cosas que hacemos es fijar las reglas que deben obedecer. Sin embargo, en muchos de los casos, estas reglas deben ser continuación de aquello que ya les han enseñado en casa.

Las cosas más simples, como tomar nuestro turno al hablar, son de las reglas más importantes en el salón de cases. ¿Por qué digo que esto es una continuación de lo aprendido en casa? Si ustedes platican con sus hijos, ellos sabrán que hay un momento para hablar y un momento para escuchar. Comprender esas diferencias es parte del aprendizaje que experimenta su hijo, sobre como respetarse a sí mismo, a sus compañeros de clase y a sus maestros. Los niños que no están acostumbrados a esta clase de interacción, tienen dificultad en concentrarse en lo que dicen los demás y les cuesta más trabajo seguir la lección que se les enseña. Estos niños normalmente se aburren, están inquietos y se meten en problemas.

Estos niños, ¿son niños malos? ¡Para nada! Simplemente no disfrutan del beneficio de saber sentarse y poner atención durante una conversación. Claramente esto afecta su aprendizaje. Recuerden: estos niños son listos, solo necesitan un poquito de ayuda para aprender a dialogar. La habilidad de conversar necesita ser cultivada y desarrollada. Cuando tenemos esta habilidad, somos capaces de escuchar lo que la otra persona dice y nuestro entendimiento crece.

La falta de esta aptitud afecta el desempeño académico de su hijo. Yo veo este tipo de situaciones todo el tiempo.

Tal vez algunos de ustedes piensen que es responsabilidad de los maestros enseñar esta habilidad. Y sí, tratamos de hacer nuestro mejor esfuerzo, pero el verdadero y completo desarrollo de ésta tiene lugar en casa. Nosotros solo podemos construir sobre la plataforma que ustedes como padres establezcan. Ayúdenos, construyendo esta plataforma sólida como roca. Si lo hacen así, los maestros tendremos más tiempo para enseñar porque no perderemos tanto tiempo tratando de controlar problemas de conducta. Un solo niño puede alborotar a todo el salón de clases.

Piensen en algunos de los niños que han visto en programas de televisión como *Supernanny* (Niñera S.O.S. en Latinoamérica) que tienen dificultades para portarse bien. No es fácil para los adultos manejar estas situaciones, y la conducta de los niños es indicativa de que no se sienten apoyados por el mundo que los rodea. Es un mensaje muy triste. Nosotros, como padres, maestros y sociedad, debemos ayudar a nuestros estudiantes. Ayudarles no es responsabilidad única de uno —es responsabilidad de todos nosotros.

Esto me recuerda una conversación que sostuve hace algunos años. Estaba en la cocina de cierta persona y los niños de la casa estaban totalmente fuera de control. Su justificación era muy simple: "Trabajo muy duro para mandar a mis hijos a un colegio privado y mira como se portan. ¿Qué hacen los maestros? No entiendo porque no han podido enseñarles a comportarse". Les juro que ese momento fue de las pocas veces en mi vida en que no supe que decir.

Me quedé estupefacta, en parte porque le tengo cariño a esta persona y a sus hijos, y en parte porque un aspecto de ser padres es educar a nuestros niños para que sean capaces de asistir a la escuela y recibir educación académica. Pero la educación es mucho más que educación académica. Empieza en nuestra casa; siempre ha sido así, y así seguirá siendo. No hay excepción. Lo que los padres hacen en casa hace la diferencia en la vida de sus hijos.

Creo que por ahora los voy a dejar con esta idea. ¿Creen que esta persona tenía razón? ¿Es el maestro el único responsable de enseñar a nuestros hijos como comportarse? ¿O es la persona que ayuda a los padres a reforzar las buenas conductas que han aprendido en casa? Cualquiera que sea su respuesta, deben tener un argumento que la respalde. Por favor piénsenlo bien. Al responder a estas simples preguntas, tendrán un mayor conocimiento de ustedes mismos y sus creencias.

Les pido que respondan estas preguntas, así como les pondría un ejercicio a sus niños. Pero si no hubiéramos establecido previamente un antecedente, no podríamos tener una discusión honesta. Este tipo de ejercicios nos sirven para crecer y desarrollarnos como padres y, más importante aún, como seres humanos. Los dejo entonces con sus pensamientos.

En nuestra próxima carta vamos a hablar de aquello que descubran.

Gracias por ser valientes y seguir sus propias convicciones.

Amorosamente,
La maestra de su hijo

CARTA 31

Educación vs. Enseñanza—
El valor de dar seguimiento

Queridos padres:

En nuestra última carta les pedí que pensaran sobre la educación y el rol que tienen los padres en ella. Les presento lo que recibí como respuestas. Antes que otra cosa, hemos estado hablando sobre enseñar a los niños las habilidades para la vida que nos ayuden a educarlos. Estas son habilidades que se construyen poco a poco con mucha paciencia y dedicación. Nos es fácil ni para nosotros ni para nuestros niños. Sin embargo, a través de mostrar y repetir nuestras propias conductas y nuestras expectativas, educamos a nuestros niños.

La mayoría de nosotros piensa que la enseñanza y la educación son la misma cosa, pero no es así. Ambas representan los dos lados de una moneda – un lado tiene una imagen y el otro tiene el águila - y sí, definitivamente están entremezcladas, pero no debe asumirse que son la misma cosa porque no es así.

Existe una diferencia entre enseñar y educar. Quiero hablar con ustedes sobre esta diferencia porque ustedes podrán darse cuenta, de igual manera que lo hacemos nosotros en la profesión de maestros, de cómo podemos ayudar a que el niño sea exitoso.

Entonces ¿qué es enseñar? En la expresión más sencilla significa mostrarle a alguien cómo hacer algo. Así de fácil. Usted enseña a alguien cómo hacer un sándwich, cómo sacudir el polvo, como trapear, o cómo leer. Todos nosotros somos maestros; cada uno es un maestro. Cuando somos buenos explicando y modelando una habilidad, podemos tener mucho éxito. En el pasado se acostumbraba tener aprendices de herrero, de zapatero, de sastre, etc. Unas personas enseñaban a otras esa habilidad. Las personas que aprendían rápido podían hacerlo enseñado y repetían la habilidad con facilidad para seguir adelante.

Este tipo de enseñanza no constituye la educación. La educación representa mucho más que aprender habilidades. La educación combina, integra y desarrolla todas las habilidades, integrándolas para formar lo que somos. En otras palabras, las habilidades se convierten en parte de nuestro carácter. Comienzan a tomar vida propia cuando aprendemos a valorarlas. En muchas formas, estas habilidades se convierten en una gran parte quienes somos y qué es lo que valoramos. Son aparentes en la manera en que nos comportamos, la forma en que nos expresamos, y las ideas e ideales que tenemos. Sólo entonces podemos decir que son parte de nuestra educación.

Por lo tanto, educación no es sólo lo que aprendemos en la escuela. Es una combinación de aquello que se enseña y a lo que se le da forma en el hogar que luego se complementa en la escuela. La mayor parte de la educación del niño viene del hogar. Los valores que los niños adquieren o no adquieren son reflejo de lo que se enseña en casa. Esas lecciones pueden ser positivas o negativas, e intencionales o no intencionales. Permítanme explicarlo con un ejemplo.

Como padres, constantemente recordamos a nuestros hijos que hagan su tarea. Les decimos que la tarea es importante porque les ayudará a aprender y conseguir un mejor trabajo en el futuro. Sin embargo, como estamos muy ocupados tratando de ganar lo necesario para vivir y pasamos mucho tiempo en el trabajo, no podemos ayudarles a los niños con sus tareas. Cuando llegamos a casa preguntamos si hicieron la tarea. Esa es una pregunta tonta. Por supuesto la hicieron. Y no necesitamos revisar si se hizo.

Como padres creemos que estamos enseñando a nuestros hijos la importancia de ser responsables. Creemos también que les estamos enseñando que la educación es importante para mejorar nuestra condición de vida, dado que les preguntamos si hicieron la tarea. Tenemos buenas intenciones, y hacemos lo mejor que podemos. Nadie va a cuestionar nuestras intenciones ni el amor que sentimos por nuestros hijos. Pero en realidad no estamos enseñando esas lecciones a los niños. Ellos nos escuchan decir "La educación es importante, y por eso es necesario que hagas la tarea", pero esas son sólo palabras.

Para que nuestras palabras tengan significado, un verdadero significado, debemos respaldarlas con nuestras acciones. "Muy bien, déjame ver tu tarea. Vamos a revisarla. Está bien, esto está correcto, pero parece que aquí hay una falta. ¿Qué crees que debe mejorarse? ¿Cómo se puede arreglar?

Dar seguimiento es una parte integral y una parte difícil en la educación de nuestros hijos. Cuando preguntamos a los niños si hicieron la tarea pero no revisamos, les enseñamos que para ellos no existe la rendición de cuentas. Por lo tanto, decimos una cosa y hacemos otra. Debe existir congruencia entre nuestras palabras y nuestros pensamientos. Los niños son imanes (magnetos) y aprenden la falta de congruencia que exhibimos con nuestra conducta. Lo que ellos ven es la forma fácil de librarse. "Mamá y papá no revisan o no les interesa; ¿por qué debo entonces hacerlo yo?" Cuando los niños observan eso, no practican sus habilidades académicas. Esas habilidades que nosotros les enseñamos, pero que sin práctica ni revisión no permite que los niños avancen en el aprendizaje. Lo que permite que una lección se aprenda es la práctica y la revisión – nada más.

Regresemos ahora a lo que de manera intencional o no intencional enseñamos a nuestros niños. Todos nosotros tenemos buenas intenciones; queremos que nuestros hijos valoren la educación. Sin embargo, cuando nosotros no damos seguimiento, de manera no intencional enseñamos a los niños que nosotros no valoramos esa educación porque no somos congruentes.

Como punto final agrego que nos falta un ingrediente clave en esta ecuación: el seguimiento. La falta de seguimiento en nuestras acciones es algo que nuestros niños siempre perciben. Cuando a través de nuestras acciones se percatan de qué es lo que nosotros valoramos y qué no, ellos reciben señales contradictorias. Saben lo que decimos y saben que hacemos algo distinto; por lo tanto, tienen un gran margen de tolerancia por el que pueden escaparse. La ayuda de ustedes es crucial para nosotros, los maestros. Por favor piensen acerca de lo siguiente:

¿En qué forma se aplica lo que acabo de aprender a la educación académica de mi hijo? La respuesta la tienen ustedes. Por favor analicen y piensen en esta pregunta. Puedo darles la respuesta, pero siendo una buena maestra que quiere ayudarles, prefiero que ustedes piensen en ella. Volveremos a tratar este tema. Es inevitable.

Como siempre, muchas gracias por escucharme.

Amorosamente,
La maestra de su hijo

CARTA 32

La perseverancia se enseña por medio de las tareas

Queridos padres:

Seguramente ustedes hicieron la búsqueda y encontraron la respuesta. Me dicen que se percatan que no siempre han dado seguimiento. ¿Cómo pueden hacerlo cuando no tienen seguridad sobre la forma de lograrlo? Me dicen que es difícil porque después de un largo día de trabajo están cansados; que cuando tratan de esforzarse para dar cierto tipo de continuidad a sus hijos, se convierte en una batalla y ustedes prefieren retractarse. Parecería que los malos hábitos se adueñaron de su hogar.

Me piden que les dé ideas. Como siempre, les prometo hacer lo mejor que pueda. Recuerden que ustedes deberán modificar algo de esto. Son sugerencias que han funcionado bien para algunos padres, y podrán funcionar bien para ustedes siempre y cuando las modifiquen para adaptarlas al entorno de su propio hogar.

En la actualidad, la mayoría de las personas parecen tener muchas distracciones. Permítanme explicar esto. Cuando el niño se sienta para hacer la tarea ¿qué está sucediendo en el hogar? ¿De casualidad está de visita el sobrino que quiere jugar? ¿Está encendida la televisión? ¿Están la radio o la computadora al alcance de su niño? En la mayoría de los casos, cualquiera de esas opciones puede provocar la distracción. El niño no puede concentrarse y enfocarse porque en otra parte hay algo que le llama la atención. Por ello, cuando el niño haga la tarea, no debe haber distracciones.

La televisión, un iPod, la radio y la computadora deben estar apagadas. Cuando digo apagadas, quiero decir que ni siquiera usted está viendo televisión, porque eso distrae a su niño. "¿Qué? ¿Ni siquiera la computadora? Así es, ni siquiera la computadora. La mayoría de los niños a esta edad no necesitan computadora para hacer la tarea. En realidad, es una enorme distracción para casi todos porque van a comenzar a navegar en la red y pasar de una pantalla a la otra, pero no necesariamente estarán estudiando.

Recuerden, el estudio requiere de un esfuerzo silencioso y concentrado para poder enfocarse. En la mayoría de los casos, los dispositivos electrónicos se convierten en distractores en lugar de ser ayuda para el estudio. (Una de las excepciones serán los casos en que los niños necesitan hacer investigación para cumplir sus tareas. Esto se discutirá posteriormente.)

Hace algunos años uno de los padres se quejó conmigo por la cantidad de tarea que yo le daba a su hija. Él me dijo que le tomaba hasta cuatro horas terminarla. Yo le pregunté si se sentaba en algún lugar tranquilo y callado para poder hacerla. Me dijo que no, parecía que la televisión estaba encendida y toda la familia la veía mientras ella hacía la tarea. Era obvio para mí porque le llevaba tanto tiempo. Había interrupciones constantes. No podía concentrarse y repasar lo que se le había enseñado en clase ese día. No cabía duda de por qué en clase no tenía buenos resultados.

Permítanme explicar cuál es la función de la tarea. La tarea proporciona una oportunidad de repasar lo que el maestro o la maestra enseñaron ese día. Es un repaso en que el estudiante necesita sentarse sólo y practicar lo que aprendió. Ese repaso es crucial para el aprendizaje porque el niño evaluará qué fue lo que entendió y que fue lo que no entendió. Este conocimiento personal es importante porque el niño está comenzando a auto-monitorearse y se pregunta ¿Qué es lo que sé? ¿Qué necesito repasar? En otras palabras, su hijo comienza a tener rendición de cuentas sobre su propio aprendizaje. La rendición de cuentas es muy importante para el éxito. Cuando no se le brinda al niño ese espacio, es muy probable que pase por alto una lección de vida importante – la rendición de cuentas.

Sí, los niños, aun los más pequeños, necesitan saber que deben rendir cuentas por su propio aprendizaje. No podemos pedirles que tengan un buen desempeño cuando no sienten la responsabilidad de rendir cuentas sobre su propia educación. Sin ello, la educación se convierte en eso que es aburrido y una tarea pesada. Pero, cuando entienden que van a la escuela porque allí aprenden cosas nuevas y podrán hacer una diferencia en su mundo y el de otros, ellos tienen una meta – es algo por lo que van a luchar.

Los niños necesitan entender los beneficios que les da la educación son mucho más que poder ganar dinero en el futuro. Nuestra actitud es lo que va a demostrarles eso. Por lo tanto, cuando el niño lleva tarea a casa, recuerden que hay una razón para ello. Posiblemente la maestra mandó como tarea un repaso porque todos en la clase están luchando con algún concepto. Entonces, la maestra necesita que los estudiantes repasen los hechos o comprendan el concepto. Volver a leer es importante, porque cuando leemos con cuidado tenemos un conocimiento más profundo de lo que se nos está enseñando.

¿Saben ustedes porque a los niños les gusta y necesitan ver las películas una y otra vez? Es porque están tratando de tener un mayor conocimiento de los conceptos que se les presentan. Los niños necesitan repetición a fin de aprender. En la escuela es igual. Los niños necesitan practicar lo que aprendieron y la tarea les proporciona esos repasos necesarios para ellos.

¿Recuerdan lo que se cablea en el cerebro? Cuando el niño practica está re-cableando las conexiones que se convertirán en la base para un tipo de aprendizaje distinto. El repaso crea la oportunidad para que los estudiantes aprendan y amplíen su conocimiento. En su libro, *The Social Animal (El animal social)* David Brooks habla sobre aquellos niños que trabajan duro para resolver los problemas. Esos niños normalmente tendrían mejor resultado en una prueba estandarizada. Él nos da el ejemplo de una persona que se somete a una prueba; mientras más pueda concentrarse y elaborar las complejidades, mejor le resultará.

Hay muchas ocasiones en que vemos a nuestros estudiantes que con facilidad se dan por vencidos, y es porque no han desarrollado la capacidad de concentrarse en algo y trabajar en ello. Tenemos un buen ejemplo cuando los alumnos toman las pruebas estandarizadas. Hay muchísimas veces en que los niños simplemente llenan los óvalos sin siquiera leer las preguntas. Como maestra, lo único que puedo hacer es sugerir que el niño revise su trabajo. Todo es sumamente frustrante porque el niño ni siquiera lo intenta. ¿Por qué se presenta esta situación? Porque muchos de los estudiantes (no todos) no tienen el sentido de cómo resolver las cosas. Este es un proceso difícil, y se consideran vencidos antes de comenzar. En otras palabras, no han desarrollado la ética de trabajo que necesitan para avanzar en la vida. Así que nuevamente, las maestras podemos enseñar y proporcionar la tarea necesaria para desarrollar esa habilidad, pero depende de ustedes, los padres, el resultado. ¿Pueden ustedes proporcionarles ese tiempo estructurado, sin interrupciones, que necesita el niño? Es necesario si ustedes quieren que su hijo tenga la energía y la habilidad para hacerlo bien. Esa habilidad es esencial.

Recuerde, son la regularidad y la coherencia lo que permitirá a sus hijos desarrollar estas características de carácter. En una fiesta, una madre me preguntó por qué le dábamos al niño paquetes de tarea para toda la semana. Creía que la tarea diaria era una molestia innecesaria y era preferible que se hiciera todo el fin de semana. Así, ella resolvía todo en un día y no tenía que batallar diario. Parecía una propuesta inteligente. No había que batallar día con día.

Así que me pregunto, ¿Está esta madre enseñando a sus hijos el valor de la regularidad y la coherencia? ¿Está enseñándoles el valor de la perseverancia? ¿Está realmente permitiendo que sus niños resuelvan los pequeños detalles que encuentren en las tareas diarias? No, por supuesto que no. ¿Está relegando la tarea al fin de semana porque no le interesa? No, es una madre que se interesa profundamente por sus hijos, pero encontró que el fin de semana funciona mejor para ella el poder ayudarles. Cuando le explique la razón de las tareas, comenzó a cambiar las cosas. Después, sus niños mejoraron mucho en la escuela, y han comenzado a hacerse más independientes. ¡Eso le gusta!

Así que, por favor, piensen lo importante que es la tarea para el desarrollo de su hijo. Tal vez estas ideas son nuevas para ustedes. Deberían serlo. Casi siempre las maestras no explican este concepto a los padres. Ahora ustedes lo saben y pueden comenzar a hacer cambios a fin de ayudar a sus niños. Nadie dijo que ser padre o madre es sencillo. Pero, como siempre, me conmueve el compromiso que ustedes sienten por sus hijos. Muchas gracias por recordarme lo que el amor a los hijos puede hacer. Realmente puede mover montañas.

Amorosamente,
La maestra de su hijo

CARTA 33

Cómo descubrir la fortaleza para fijar límites

Queridos Padres,

Todas estas ideas les parecen buenas. Las encuentran lógicas y no son difíciles de aplicar a los niños, aunque posiblemente un poco. Sin embargo, no funcionan tan bien con sus niños mayores; después de todo ellos tienen esa capacidad de ser mucho más desafiantes. ¡Vaya! Que si lo sabemos... Sin embargo, hay un remedio para esa conducta.

Posiblemente usted no comprenda inicialmente en su totalidad lo que le voy a pedir que haga, pero por favor hágalo. El hacerlo le dará la fortaleza para enfrentar a sus hijos sin vacilación, y ellos entenderán que usted va a sostenerse en ello, sin importar otra cosa.

Una vez que sus hijos vean que usted cumple lo que dice y que hay unión con su pareja, las cosas cambiarán drásticamente. Sin embargo, usted debe tener el valor de sostenerse en esa postura, y no moverse. Los niños sienten cuando pueden manipular a los padres. Y ellos huelen un poco de culpa y la usan en contra de usted. No son malos, pero quieren conservar la situación a favor de ellos. Al igual que nosotros, los adultos, para ellos es más fácil que las cosas continúen como están, particularmente cuando no se les pide que pongan mucho esfuerzo en mantener esa situación.

A todos nos asusta el cambio y no queremos cambiar. Sin embargo, para que realmente haya una verdadera transformación, nosotros debemos cambiar nuestros viejos patrones; y como nosotros somos adultos, nos corresponde ayudar a nuestros niños a cambiar sus viejos hábitos para poder crear un mejor futuro para ellos. No tengan miedo; ustedes ya han avanzado mucho y llegado muy lejos. En verdad los admiro. Ya les dije en varias ocasiones esto, pero es porque es cierto.

Ustedes son un recordatorio constante para mí de lo que es bueno y maravilloso de los seres humanos. Lo que nosotros elegimos hacer es lo que altera nuestra vida y las vidas de aquellos que amamos. Ustedes son maravillosos; la verdad, sí lo son.

Así que cuando tengan niños más grandes que no hayan cambiado su conducta para convertirla en norma y luego en rutina y demás, nosotros necesitamos enseñarlos cómo hacerlo. La manera en que usted lo enseñe depende totalmente de usted. Recuerde, yo puedo darle muy buenas ideas generales, pero de usted depende adaptarlas al entorno de su propio hogar.

Antes de darles la información necesito preguntarles qué piensan en algo. Por favor sean muy honestos en sus respuestas. Solamente ustedes pueden saber qué responderán, y eso representa la diferencia sobre la forma en que ustedes procederán. Es preferible que su respuesta a la pregunta llegue primero porque eso les indicará qué es lo que los hace reaccionar, qué es lo que los mueve. Una vez que estén conscientes de que los mueve a reaccionar, será más difícil que a ustedes los obligue a reaccionar alguna acción de sus hijos. Esa capacidad de concientizar será su mayor aliado cuando necesiten ser firmes ante sus niños.

Por favor imaginen el siguiente escenario: Usted está hablando con una amiga sobre lo mucho que batalla con su hijo. Su niño constantemente deja todo fuera de lugar, y eso a usted la altera. Anoche hubo una pelea a gritos entre usted y el niño porque cuando usted llegó a casa encontró todo desordenado. La cocina estaba sucia y no había recogido nada. La ropa limpia que usted había doblado y estaba lista para colocarse en su sitio todavía está esperando, y ahora tiene que lavarla nuevamente porque el perro se revolcó en ella. Usted voltea y ve a su hijo nada más sentado allí, oyendo música y jugando en el chat de la computadora.

Repentinamente usted siente que la sangre le llega a la cabeza y va a explotar. No sabe siquiera por qué reacciona así. Si repasamos lo que sucedió esa noche, usted todavía no comprende qué sucedió y se percata que los platos sucios y la ropa son importantes, pero no lo suficiente para tener la reacción que usted vivió. ¿Qué sucedió dentro de usted? La respuesta a esa pregunta es lo que debemos descubrir. Cuando podemos saber qué es lo que desencadena esas reacciones y cómo evitarlas, representa trabajo duro y no será fácil, pero seguramente lo colocará en un lugar mejor en la vida. Se lo aseguro.

Regresemos entonces a nuestro escenario. Usted despierta la siguiente mañana y se siente muy mal por lo que sucedió. La culpa la hace avergonzarse, pero también se llena de ira. ¿Quién se cree ese chamaquito que es? Después de todo usted trabaja incansablemente para darle una mejor vida, pero él no siente consideración alguna hacia usted. Verdaderamente ¿quién se cree que es? Ese sentido de merecer todo es demasiado, y nunca agradece lo que usted hace.

Muy rara vez usted escucha que le diga, "Mamá, o papá, te quiero" o "Muchas gracias por todo lo que haces."

Entonces ¿por qué tiene usted que seguir adelante y darle algo a esa personita que ni siquiera le muestra gratitud? Bueno, porque usted ama a su hijo. Esa persona, ese ser humano, no importa que tan incómodo o ingrato sea, es su hijo y usted siempre lo amará. Cuando nos percatamos de eso, repentinamente nos llenamos de culpa. Esa no es culpa ordinaria. ¡Desde luego que no! Es la clase de culpa que se atora en el estómago y nos hace sentir terrible porque nos damos cuenta que perdimos el control. Después de todo, nosotros creamos ese niño. Y el niño actúa y reacciona en la forma en que usted inconscientemente lo enseñó. Y ahora ¿qué va a hacer?

La peor parte es que cuando eso sucede no estamos seguros por qué explotamos. Normalmente dejamos pasar las cosas; y nos preguntamos ¿qué cambió y sucedió esta vez? Acongojados por la culpa nos vamos a ver la televisión y tratamos de no pensar en eso.

¿Les parece conocido ese escenario? Para algunos de nosotros puede ser muy familiar. Para otros, tal vez no haya una experiencia tan drástica, pero les aseguro que todos hemos pasado por algo similar. Es una realidad que muchos de nosotros, como padres, hemos debido enfrentar algo así. Y terminamos preguntándonos, "¿Qué estoy haciendo? ¿Está bien o está mal? Hago lo mejor que puedo pero no sé si estoy guiando a mi hijo en la dirección correcta." Todas esas peguntas y las dudas son cosas que experimentamos todos los padres.

Debemos recordar que sólo somos humanos. Lo más importante es que todos hemos explotado en un momento o en otro. La pregunta es: ¿por qué? La tarea que les dejo es responder a esa pregunta.

Traten de analizar por qué explotó la madre en el escenario que presentamos. Traten de entrar a la mente de esa persona y ayúdenle a entender. ¿Es realmente la ropa o los platos, o es algo más? En caso de ser algo más ¿qué es? Como ven, con estas preguntas ustedes encontrarán respuestas a lo que los hace reaccionar o ceder sin pelear. Recuerden, ya hablamos sobre los diferentes niveles de pensamiento. Ahora, en esta ocasión, les pido que los apliquen a ustedes mismos.

Es necesario que analicen toda la historia. Posiblemente ustedes encuentren comparaciones con algo que les es demasiado familiar. Sea cual sea su respuesta, seguramente le ayudará a comprenderse mejor como persona y como padre o madre. Muchos de nosotros experimentamos cierta conducta o actitud proveniente de alguien, y eso nos hace perder la cabeza, pero no sabemos por qué.

Entenderlo le permitirá prepararse para mantener su posición en una forma amorosa entendiendo a su hijo. Eso es lo que buscamos.

Los dejo para que piensen sobre esa pregunta. Y recuerden, tan pronto como ustedes me informen qué piensan, me dará gusto escucharlos y conversar con ustedes.

Amorosamente,
La maestra de su hijo

CARTA 34

Cómo tomar el control fijando límites buenos y funcionales

Queridos Padres,

¡Qué increíble! Ese fue un ejercicio muy duro, pero necesario. Por favor sepan que en una ocasión hice algo similar y sé que es muy duro. Sin embargo, fue fructífero porque aprendí mucho sobre de mí. El conocimiento adquirido me dio la fuerza para convertirme en una mejor persona y una mejor madre. Comencé a analizar más de cerca esos pequeños escenarios que se presentaban en mi hogar y comencé a percatarme de lo que sentía en determinado momento. Todavía los analizo cuando siento que voy a reaccionar, porque me dan fuerza. Necesito encontrarme en una buena posición emocional para enfrentar a mis hijos, y allí es donde quiero que también ustedes se coloquen.

Ahora permítanme retomar lo que ustedes dijeron. La ira que mostró la persona en ese escenario no fue realmente por los platos o la ropa. Ustedes se percataron que la cocina sucia y la ropa sólo generaron la reacción de algo que venía preparándose durante algún tiempo – el no ser apreciada. Sin embargo, ustedes no estaban seguros por qué esta persona explotó ese día en particular pero en otras ocasiones dejaba pasar las cosas. ¿Por qué?

Ustedes pensaron que podría ser porque ese día estaba muy cansada, tenía hambre o estaba agobiada por una mala experiencia en el trabajo. Lo que esta madre estaba buscando era un poco de paz y tranquilidad, y en lugar de eso encontró un desastre. Ustedes también mencionaron que posiblemente el niño podía haber ayudado a limpiar un poco en lugar de dedicarse a escuchar música y jugar en el chat. Después de todo, el niño vive en esa casa y puede y debe contribuir. Para colmo de males, la explosión fue por no sentirse apreciada y considerar que se le toma como algo a lo que se tiene derecho.

Tienen razón; la mayoría de las cosas que decimos o escuchamos tienen un significado más profundo. El problema es que nos enfocamos en lo que se ve en la superficie porque eso es lo más llamativo. Las personas en ocasiones pensamos que no es gran cosa, porque, después de todo, solamente se trata de platos. Sin embargo, lo que realmente está moviéndose es todos los sentimientos que no sabemos qué son o no podemos expresar.

Poder encontrar qué es lo que realmente nos hace reaccionar, es muy importante y también es importante explicarle al niño para que pueda entender por qué nos sentimos en la forma en que nos sentimos. Esa conversación nos permite establecer una buena relación entre ambos. Nuestros niños deben entender que también nosotros tenemos sentimientos y que luchamos, y que estamos haciendo lo mejor que podemos. Tal vez no siempre lo hagamos bien. No necesitamos que sea así. Mientras el niño vea que estamos tratando, habrá una mejor recepción sobre lo que decimos, y esa es la razón para el ejercicio que previamente hicimos. Cuando ustedes pueden confrontar a sus hijos con honestidad y con amor, la oportunidad de tener éxito será mucho mayor.

Así que, aquí vamos. Cuando se tiene un hijo en esos años previos a la adolescencia o a principio de la adolescencia, usted necesita fijar ciertos parámetros de conducta – en otras palabras, fijar expectativas. Estas expectativas deben ser claras, muy claras. Permítanme darles un ejemplo.

"Hijito, la cocina debe recogerse antes de las 6 pm que es cuando yo regreso de trabajar. Eso significa que debes lavar los platos y colocarlos en su lugar. También debes asegurarte que las cubiertas de los muebles de la cocina se hayan limpiado y que no haya basura en el piso. Asegúrate de barrer. Estoy segura que harás un buen trabajo y eso me permitirá cocinar para cenar temprano, y así podremos ver tu programa después."

¿Les queda claro este ejemplo? ¡Sí! Allí se indica que es necesario que ellos hagan, cómo espera usted que lo hagan, y a qué hora. Lo más importante es que usted le informa al niño por qué necesita hacerse y qué sucederá después de la cena.

El premio o la consecuencia será poder ver el programa todos juntos. Inicialmente, tal vez deba mostrarle cuáles son las expectativas suyas, y enseñarle cómo limpiar la cocina. Tal vez sea necesario enseñarle dónde guardar las cosas y cómo limpiar la parte superior de los muebles. Si su hija es como la mía, posiblemente tome un trapo sucio y con ese limpie. Pero eso no me gusta. Así que primero debo enseñarle la forma de tallar las cubiertas con un poco de jabón y luego limpiar con un trapo seco. Después es necesario que ella use un trapo mojado para limpiar lo que queda del jabón y finalmente limpiar nuevamente con una toalla seca y limpia. Soy detallista, ya lo sé, pero mi hija no tiene dudas de lo que espero de ella porque yo la enseñe.

Digamos ahora que cuando usted llega a casa después del trabajo, y ya le había indicado a su hijo cuáles son sus expectativas, pero la cocina sigue sucia. No se enoje – cuando menos, no se lo demuestre. Con mucha calma dígale: "Te pedí que limpiaras la cocina y decidiste no hacerlo." Efectivamente, esa fue decisión de su hijo. "Esto es muy poco afortunado porque ahora tenemos que esperar a que limpies antes de que yo pueda comenzar a cocinar. Preparar la cena llevará algo de tiempo y es muy probable que no podamos vér nuestro programa."

Usted va a ocuparse con gran cuidado de tardar mucho tiempo en preparar la cena. Usted debe asegurarse que la cena no esté terminada hasta la hora del programa favorito. Por lo tanto, el niño no podrá verlo porque cuando termine de preparar la cena comenzarán a comer y luego el niño deberá ayudar a limpiar la cocina. De ser necesario, busque tareas adicionales que el niño deba hacer. Lo importante es que entienda que usted cumple lo que dice. Mi hija y sus amigas dicen que lo malo que yo tengo es que no me siento mal de ponerme en vergüenza siempre y cuando eso signifique cumplir lo que digo. Tienen razón y, por lo tanto, se cuidan mucho de tener dificultades conmigo.

En caso que usted necesite confrontar a su hijo en esta forma por primera vez, platique con él mientras las cosas se están haciendo. "Ya veo que primero estás lavando los platos. Esa es una buena idea porque así quedará libre el lavabo para que yo pueda enjuagar la carne." Tómate tu tiempo. Coloca la carne en el lavabo y decide que necesitas ir al baño. Recuerda que estás haciendo todo lentamente para cumplir lo que dices. Sólo trata de que no sea tan obvio. De muchas maneras estás empleando las mismas tácticas que tu niño usa contigo.

Digamos que tu hijo enciende la televisión y comienza a verla. Ve y apágala. De ser necesario, quédate junto al televisor hasta que el niño regrese a la cocina y comience a hacer lo que debe. En caso que decida no cooperar y se vaya a su cuarto, prepara la cena para ti y para tu familia, pero no le permitas tomar parte en la cena. Dile "Mi vida, todavía está allí todo lo que dejaste pendiente y no has terminado tu parte de trabajo para la familia. Nosotros somos una familia y todos necesitamos contribuir al bienestar familiar." Posiblemente decida ir a conseguirse algo que comer. Encierra lo que ella pueda comer fácilmente en tu automóvil y guarda las llaves. Normalmente yo guardo en casa muy pocas cosas que son fáciles de comer. Casi todas son manzanas, queso, galletas, etc. Los niños no se acercan a eso salvo cuando realmente están hambrientos y me da gusto que yo seleccioné adecuadamente lo que les puedo ofrecer.

Posiblemente me digas que este tipo de disciplina es cruel. ¿Realmente lo es? Tomar el control de tu hogar y mostrarles a los niños quien manda no es cruel. Eso se llama "amor serio", y si tú estableces el tono para uno de tus hijos, los otros entenderán y harán lo que deben. En muchas formas estás matando dos pájaros con una piedra. Esa es una buena manera de enseñar a los hijos.

Hay chicos que te repelan y tratan de pelear. No les des oportunidad de tener un argumento verbal. Los niños constantemente buscarán que reacciones, ya sea consciente o inconscientemente. Esa es la razón por la que hicimos el ejercicio anterior. Todas esas conductas desafiantes están buscando que reacciones de una manera u otra. A cada uno de nosotros nos afecta de manera distinta. Algunos tenemos reacciones más fuertes que otros. Pero para tener éxito, es necesario no perder la cabeza. Cuando reaccionamos con dureza y decimos: "Olvídalo, hoy no tienes derecho a ver la televisión" eso suena punitivo y vengativo. Me la hiciste y ahora me la pagas. Sin embargo, cuando uno identifica las situaciones que nos hacen reaccionar y tratamos de mantenernos tan en calma como sea posible, cuando hablamos y actuamos de acuerdo con lo que decimos, nuestras palabras tienen un significado distinto. Es muy importante el tono en que hablamos, porque transmite un sentido de desencanto por las decisiones que toma tu hijo, pero no hay desencanto por el niño mismo. Esta es una enorme diferencia, porque usted juzga las acciones, no juzga al niño.

Creo que este concepto necesita aclararse. No es lo mismo decir "Eres un tonto. Mira lo que hiciste" que "Seguramente no estabas pensando correctamente cuando lo hiciste". Una expresión critica a la persona, mientras la otra juzga la acción de la persona. Necesitamos siempre concentrarnos en la conducta. Cuando lo hacemos estamos dando al niño una salida, una forma de mejorar. Todos cometemos errores y necesitamos encontrar la manera de salir de ellos. Una de las formas que hay es corregir la conducta negativa. ¿No es eso lo que finalmente queremos lograr?

Hay una película que me gusta mucho porque nos enseña a confrontar a nuestros niños. Es el mejor y más poderosos ejemplo que conozco de una confrontación. En la próxima carta les hablaré de eso.

Por ahora, los dejo para que piensen sobre toda esta información.

Amorosamente,
La maestra de su hijo

CARTA 35

Como enseñar por medio de consecuencias y confrontación

Queridos padres,

Siento mucho que no les gustó el suspenso en que los dejé. Ustedes querían que les dijera el nombre de la película, y no lo hice. Tal vez debería haberles dicho, pero tuve miedo de que no pensaran primero sobre ustedes mismos. Hay ocasiones en que es mejor esperar un poco y saber que algo bueno va a llegar. Esa es mi verdadera razón.

En nuestra última carta hablamos de confrontaciones. Son difíciles y desagradables en cualquier circunstancia. Sin embargo, son inevitables y son parte de la vida. Nosotros podemos elegir si queremos una dificultad a gritos o preferimos estar calmados, dando un buen ejemplo a nuestro hijo sobre cómo resolver los problemas. Los niños tienen muchas oportunidades en la escuela y en la vida de probar lo que ellos decidan como modelo, para resolver los conflictos. Nos toca darles el mejor ejemplo que podemos.

Por lo tanto, quiero presentarles otra idea. Muchos de nosotros batallamos con el estudio de nuestros niños. Parece que logramos que se sienten a estudiar porque les cuesta mucho trabajo concentrarse. Pienso que ustedes no habían usado los métodos previamente mencionados porque no sabían que existían. En lugar de eso los sobornaban. "Papá y mamá dijeron que si sacaba las mejores calificaciones, me van a comprar el juego de computadora que quiero." Este premio, o "soborno", parece un buen incentivo, pero no lo es. Déjenme explicarles por qué.

Antes que otra cosa, ustedes están abriendo el camino para ofrecerles regalos cada vez más grandes. ¿Hasta dónde quieren llegar? Cuando tenemos que dar a los niños algo cada vez que hace algo, les quitamos la oportunidad de hacer algo simplemente porque es lo correcto y deben hacerlo.

Estudiamos porque es importante aprender, y porque nos brindará formas para empoderarnos nosotros mismos, no porque todo lo que hacemos merece un premio. Cuando constantemente damos premios, estamos creando niños egocéntricos que sienten que merecen todo. Eso no es lo que queremos. Piensen en Dudley, el de los libros de Harry Potter. En su cumpleaños recibió treinta y tantos regalos, pero estaba muy enojado y ofendido porque fue uno menos que el año anterior. Seguramente usted no quiere que su niño sea así; nadie quiere eso. Usted quiere que su niño aprecie lo que recibe y que vea el esfuerzo y el pensamiento que usted pone en ese obsequio. Lo más importante es que el mayor regalo es la educación misma. Hay muchas cosas que hacemos en la vida porque debemos hacerlas – no porque vamos a recibir un premio.

La pregunta que debemos responder es: ¿Qué debemos hacer? Bueno, antes de otra cosa, recordar nosotros mismos que si somos padre o madre, somos quienes estamos a cargo. Ustedes pagan las cuentas, y eso significa que tienen un enorme poder sobre sus hijos. Ellos dependen de ustedes, y bien lo saben. Ahora también ya saben que usted no aceptará la culpa emocional tan fácilmente y que sus reacciones están disminuyendo. Usted está tomando el control, y no hay mucho que ellos puedan hacer al respecto. Entonces, ahora sí estamos listos para comenzar a poner nuestras reglas. Les daré un ejemplo porque pienso que eso siempre funciona bien. Luego lo analizaremos y resaltaremos los puntos clave.

Digamos que su hija necesita una computadora para hacer su investigación de ciencias. La vieja computadora que usted tiene muchas veces se congela. Parece que es necesario comprar una computadora nueva. Usted ya cumplió su tarea de detective y encontró una buena computadora familiar. Antes de ir a comprarla usted necesita poner las reglas. Serán reglas inamovibles, lo que quiere decir que usted no va a ceder en cosa alguna. Esta es la discusión, preferiblemente donde participen ambos padres y que sería más o menos así:

"Hijita vamos a comprar una nueva computadora para la familia. Papá y yo [los dos siempre como un frente unido] nos damos cuenta que tú estás comenzando a investigar más y que es necesaria para que completes tus tareas. Sin embargo, vamos a fijar reglas muy claras para esta computadora. Si tú decides no seguirlas, siempre puedes ir a la biblioteca y usar las computadoras públicas que allí tienen."

"¡Mamá! ¡Papá! ¡Esto no es justo!"

"No estamos preguntando si es justo o injusto. Nosotros fijamos estas reglas porque son las que funcionan mejor en nuestro hogar."

"Pero—"

"Estas son las reglas. La primera es que la computadora siempre estará en la sala de estar familiar."

"Pero—"

"Podrás usarla para tu investigación mientras todos los demás están leyendo y haciendo tareas. Y de cuatro a seis continuaremos haciendo tareas en la sala de estar familiar."

"Pero eso no es justo."

"Linda, como te dijimos antes, esto no trata de justicia; trata sobre lo que es mejor para nuestro hogar. Tu mamá y yo necesitamos saber que tú estás haciendo la tarea y poder ayudarte en caso que lo necesites."

"Ya no soy bebé. Puedo hacer sola mi tarea."

"Estamos de acuerdo, esa es la regla y tú eres quien decide."

"La segunda regla es que usarás la computadora una vez que termines las tareas de matemáticas y todas las lecturas. La mayor parte del tiempo no la necesitas para esas asignaturas."

"Ya no soy bebé."

"Ya sabemos que no lo eres, y dado que eres una joven, eres capaz de entender estas reglas. Tú serás quien decide si las sigues para poder usar la computadora."

"Pero—"

"Cuando estés haciendo investigación, te dedicas a investigar. No vas a chatear con tus amigas en la computadora."

"¡Eso es injusto!"

"Como dijimos, estas son nuestras reglas. Justas o no, estas son nuestras reglas. Finalmente—"

"¿Todavía hay más?"

"Sí, una más. Una vez que hayas terminado la tarea y cumplido con todas tus responsabilidades, podrás jugar con la computadora durante una hora. Ese será tu tiempo libre con la computadora. Entonces podrás chatear, jugar los juegos, y surfear en la red para buscar lo que te interese."

"¡Finalmente!"

"¿Entiendes las reglas?"

"Bueno, pero ¿tengo de dónde escoger?"

"No, no puedes escoger. Aceptas o rechazas esta oferta. Así que ¿qué piensas hacer?"

"Supongo que está bien."

"Ambos sentimos alegría de saber que elegiste seguir las reglas. Otra cosa final – en caso de que rompas las reglas, eso nos dirá que tú no tienes interés en usar la computadora familiar y respetamos tu decisión. En ese caso, la computadora no estará disponible para ti hasta que demuestres, tanto ante ti misma como ante nosotros, que estás lista para usarla con responsabilidad."

"¡Muy bien!"

"Nos da gusto ver que entiendes. Ahora, vamos a comprar la nueva computadora."

Este largo diálogo representa un escenario perfecto. Ustedes están confrontando a su hija en una forma muy realista. Le presentan sus razones sin divagar y ella lo sabe. No hay cabida para que ella maniobre para ganarles. Lo más importante es que ustedes están detallando las reglas. Son reglas claras y no quedara lugar para decir "yo pensé que…" El argumento es firme y lógico. Ella tiene la alternativa de seguir las reglas y recibir los beneficios que eso le brinda – usar la computadora. En caso que ella decida no seguir las reglas, no tiene a quien culpar salvo a sí misma. ¡Bravo! Eso es enseñarle consecuencias y rendición de cuentas. No hay a quien culpar salvo a sí misma.

Ahora digamos que usted compró la computadora y todo va bien. Sin embargo, un día usted se da cuenta que su hija está rompiendo las reglas. Ya comenzó a chatear y jugar en la computadora mientras hace la tarea, por lo que no está enfocándose en la tarea y no está haciendo un buen trabajo. ¿Qué va a hacer usted? Lo primero es confrontarla de manera calmada.

"¿Me puedes decir por qué decidiste romper lo que habíamos acordado?

"Mamá, yo ya terminé mi tarea."

"Ya veo; terminaste y pensaste que podías usar este tiempo para chatear con tus amigas."

"Sí."

"Sin embargo, tu papá y yo fuimos muy claros cuando te dimos las reglas, ¿no es cierto?

"Sí."

"Muy bien. Ahora déjame decirte con toda claridad. Habíamos acordado que rompiendo las reglas tú nos dirías que ya no querías usar la computadora. ¿Es eso cierto?"

"Bueno… yo creo que…. ¡Sí!"

"Eso pensé."

"Pero, mamá, este es un trabajo que necesito entregar el próximo viernes."

"Ya veo. ¿Quieres que yo te lleve a la biblioteca local? Allí puedes investigar mientras yo busco unos libros que quiero leer. Prepara tus cosas; para mí también será un buen descanso."

Algunos de ustedes seguramente dirán que esto es drástico ¿Lo es? Piénsenlo: ¿Son crueles las respuestas de una madre? ¿Tienen un sentido malvado? Lo que es más, ¿está la madre actuando porque está resentida? No, no lo está. Está tratando de enseñar a su hija que su conducta tiene consecuencias. Mientras más temprano aprenda eso la niña, mejor será para ella. Las consecuencias no son malas tampoco. La madre no le dice a la niña que no le importa. En realidad la lleva a la biblioteca, con lo que ofrece una solución al problema. Posiblemente al día siguiente la lleve y la deje allí en lugar de permanecer en la biblioteca con ella. Sí, seguramente serán varios días en que la hija no disponga de la computadora familiar. Ustedes me peguntarán ¿por qué llevarla a la biblioteca y no a casa de una amiga? Bueno, porque ir a casa de una amiga es un privilegio ¿no es cierto? ¿La van a castigar o a premiar? No, ustedes deben ser constantes. Una vez que su proyecto esté terminado y ella lo entregue, usted podrá darle una nueva oportunidad para usar la computadora familiar nuevamente. Puede verbalizar su oferta más o menos así:

"Hijita, veo que ya terminaste tu proyecto. Mamá y yo estamos muy orgullosos de ti. ¡Bien hecho! Ahora nos preguntamos si es que quisieras seguir las reglas para usar nuevamente la computadora familiar. Te comportaste de manera responsable y enfrentaste una situación difícil. Nosotros pensamos que eso muestra un nivel de madurez de tu parte. ¿Qué me dices"

"Si, muy bien."

Tal vez este diálogo les parezca irreal a algunos de ustedes. Sin embargo, puede lograrse. Todo depende de ustedes. Pueden hacerlo. No sucederá de la noche a la mañana porque lleva tiempo y paciencia. Pero puede hacerse. El secreto está en no ceder y cumplir con lo que se le dijo. Deben todos adherirse a las reglas convenidas. Usen las herramientas, y repentinamente ustedes se convertirán en expertos para confrontar a sus hijos en una forma amorosa.

Les recomiendo que vean la película *Master Harold...and the Boys*. En ella ustedes encontrarán la mejor manera de confrontar a un adolescente o a un adulto joven. Si ustedes deciden ver la película, cosa que espero hagan, verán que tiene muchas ideas sobre la manera de confrontar a su hijo cuando usted se encuentre en una situación difícil. Escuche los diálogos con cuidado porque representan buenos ejemplos sobre la manera de hablar con quienes amamos, en una forma amorosa pero firme. Sam, uno de los personajes, es al que ustedes deben ver y escuchar. Su actitud está llena de amorosa sabiduría, aun frente a circunstancias difíciles e injustas.

Seguramente encontrarán paralelismo entre el ejemplo que Sam transmite en esta película y lo que escribí. Véanla; si es necesario, cómprenla. Lo que quiero decir es que esa película siempre les dará buenas ideas para manejar adolescentes y adultos jóvenes que son difíciles. Sean pacientes con la cinta, porque casi toda es de diálogo. Es en esos diálogos que yo espero ustedes encuentren fortaleza; vean como Sam confronta con la verdad y deja la puerta abierta al diálogo. La creación de un diálogo honesto con su hijo es el secreto. Eso es lo que yo espero que aprendan a hacer.

Como ustedes bien saben, el año escolar llegó a su fin, y voy a extrañarlos. Espero que esta película pueda dar seguimiento partiendo del punto donde yo me quedé. Para mí no es fácil decir adiós, pero es el momento en que sus hijos deben emprender una nueva aventura, y voy a verlos ir. Sin embargo, me reconforta el crecimiento que he visto en ellos y en ustedes. No puedo dejar de decirles lo orgullosa que me siento de ustedes. Ustedes aceptaron el mayor desafío – transformarse ustedes mismos – para ayudar a sus hijos. A mis ojos, no hay mayor demostración de amor y cuidado.

Como mencioné al inicio, espero que todos nosotros podamos transformarnos. Es gracias a esa transformación que podremos ver la luz al final del túnel que representa la esperanza y el amor. Muchas gracias; muchas gracias por dejarme ser parte de la vida de sus hijos y de la vida de ustedes. Pero mucho más importante, gracias por convertirse en mi luz al final del túnel. Sé que juntos podemos hacer la diferencia.

Amorosamente,
La maestra de su hijo

UNA NOTA FINAL

Conforme nos acercamos al final de año escolar, veo a sus hijos dejar mi salón de clases y en verdad me entristece. He llegado a quererlos y es difícil dejarlos ir. Sé que veré a sus hijos el próximo año, en un salón distinto. La cuestión es que ya no estarán en mi salón, y voy a extrañar sus sonrisas, sus notitas de cariño, sus manitas pegajosas y sus abrazos, sus gritos de emoción al descubrir algo nuevo. Debo recordarme a mi misma que cada año escolar trae consigo gusto y alegría. He visto mucho crecimiento y mucho aprendizaje. Ese es el regalo que sus hijos me han dado, y por ello, me siento muy agradecida. Ha sido un gran año.

Sin embargo, este año mi corazón esta lleno de felicidad por otras razones. Y es porque ustedes entraron a mi salón de clases; dejaron de ser un solo padre o una madre y se convirtieron en un amigo o amiga. Se convirtieron en una parte de nuestras rutinas y diálogos diarios. Si, así fue, aún cuando no estaban con nosotros. Estuvieron presentes cuando Juanito habló sobre su fin de semana, estuvieron presentes cuando Susi habló en la hora de intercambio de ideas, y estuvieron presentes en cada una de las ideas y escritos de sus hijos. Su niño o niña descubrió su propia voz. Salió fuerte y clara en las discusiones de la clase, porque había confianza en lo que decían. Esa confianza no hubiera existido si ustedes no hubieran compartido sus ideas la noche anterior con sus niños. Ustedes se han convertido en una parte integral de mi salón de clases y me da tristeza verlos irse, y me pregunto cómo continuaran utilizando las herramientas que aprendieron este año.

Y es que han avanzado tanto. ¿Recuerdan cuando me preguntaban "qué debo hacer"? No querían que nadie supiera lo perdidos que se sentían. Tenían miedo de que los demás los juzgaran. Y aún así, decidieron que querían trabajar duro para mejorar ustedes y mejorar su familia. ¡Wow! Que valor. Deben estar orgullosos de ustedes mismos. Yo lo estoy. La pregunta ahora es: ¿cómo van a continuar con este crecimiento? ¿Cómo van a continuar implementando todas estas herramientas y estrategias que han aprendido? Su vida familiar necesita que continúen por este camino. ¡No pueden parar ahora!

Permítanme hacerles una última sugerencia. Tómense un momento para escribir todo el éxito que han alcanzado este año. Si, escríbanlo, para que cuando sientan que las cosas se ponen difíciles, puedan volver a leerlo y sabrán entonces lo fuertes que son, y podrán continuar por este camino. Ahora, no olviden poner su lista en algún lugar donde lo vean con frecuencia. La mía esta en la puerta de mi closet. Ahora viene la parte difícil —identifiquen cuales son las áreas en las cuales necesitan seguir trabajando. Esto no es tarea fácil. Siempre parece haber lugar para el crecimiento. Miren esas áreas con cuidado, pues se convertirán el la brújula que los guíe. ¿Están listos para la siguiente parte? Escriban un plan. No tiene que ser un plan complicado. Simplemente escriban diez puntos de acción que ustedes crean que les ayudarán a continuar por este camino de éxito. Aquí tienen diez renglones para que anoten sus ideas:

1. ____
2. ____
3. ____
4. ____
5. ____
6. ____
7. ____
8. ____
9. ____
10. _______________________________________

Ah, ¿quieren que revise lo que hemos aprendido? Con mucho gusto lo hago, si les va a ayudar a crear su plan de acción.

A ver, aprendimos tantas cosas:

1. **Aprendieron a comunicarse con su hijo.** Descubrieron que escuchar es una habilidad que necesita tiempo y paciencia para poder desarrollarla. Aguantaron, y poco a poco, empezaron a ver cómo la conducta de sus hijos mejoraba, en la escuela y en la casa, el o ella se sintieron comprendidos. También mencionaron que saber escuchar les sirvió para mejorar otras relaciones en su vida. ¡Bien!
2. **Trabajaron duro al poner sus propias necesidades primero.** Esta fue una lección dura que no sale muy naturalmente. Los vi batallar. Decir que necesitaban tomar una siesta en lugar de llevar a su hijo a jugar con Juanito o Susanita fue muy difícil

porque no querían decepcionar a su hijo/a. Pero aún así, se dieron cuenta de que estarían de mucho mejor humor si tomaban esa siesta. ¡Buen trabajo! De igual forma, les enseñaron a sus niños a valorar los sacrificios que hacen al cuidarse ustedes mismos. Muchas veces me dijeron que les gusta ser valorados, es un gran sentimiento.

3. **Aprendieron sobre la importancia de las rutinas y cómo establecerlas.** Comenzaron a ver como los diálogos que tenían lugar en su casa, se transferían hacia el área escolar, y se preguntaron como mantenerlos. Fue cuando empezaron a hablar sobre la importancia de las rutinas y cómo establecerlas; y quisieron que estas rutinas se convirtieran en hábitos de por vida.
4. **Descubrieron que las herramientas y habilidades que enseñaron a sus hijos, se trasladaron hacia su buen desempeño académico.** En cuanto empezaron a trabajar en la habilidad de escuchar y ayudaron a sus hijos a darse cuenta de que las demás personas también importan, fue cuando verdaderamente comenzaron a trabajar en equipo con el (la) maestro(a) de sus hijos. Ahora saben que los diálogos que tienen con sus niños, trascienden al salón de clases y forman sus propios pensamientos, ideas y escritos.
5. **Aprendieron como se va desarrollando el proceso del pensamiento, y como pueden enriquecer el de sus hijos utilizando las herramientas que ya tienen.** Al acercarse a su hijo(a), a su propio nivel, aprendieron a detectar cuando necesita ayuda para entender algo, y como es que su mente se desarrolla. El resultado de esto son mejores calificaciones.

6. **Por último, aprendieron como trabajar con el (la) maestro(a) de sus hijos en equipo.** Que lección tan maravillosa para ustedes y para mi.

Muchas gracias por su confianza y su apoyo. Esta es la razón por la cual el año escolar fue maravilloso.

Les deseo lo mejor a ustedes y sus hijos. Gracias por ser estudiantes tan maravillosos.

Con cariño,
La maestra de sus hijos,
Dana M. Arias

SOBRE LA AUTORA

Dana Arias es escritora, conferencista profesional, consultora en educación y bibliotecaria escolar. Todas estas distintas funciones le han dado la oportunidad de hablar con muchos padres de familia en Texas e Illinois. Todos ellos vienen de entornos muy distintos; algunos no han terminado la educación básica intermedia, mientras que otros tienen maestrías. Algunos viven en cierto nivel de pobreza, mientras que otros disfrutan de un nivel de vida muy superior. Escuchar atentamente ha sido la más grande ventaja para la Sra. Arias al ayudar a sus niños.

Ella misma fue una estudiante en apuros por muchos años, y por ello tiene una visión única hacia las preocupaciones de los padres. Comunicarse y trabajar directamente con los padres ha sido la clave para el desarrollo de sus estudiantes. Los padres necesitan que los vean y los escuchen. Aún más importante, hay que reconocer sus necesidades y temores. Muchos padres quieren ser figuras centrales en la educación de sus niños. Al entender estas necesidades, Dana Arias ha logrado con éxito acortar la distancia entre la escuela y los padres de familia.

Dana Arias ha tenido la oportunidad de trabajar conjuntamente con padres en diversos programas bilingües establecidos y financiados por la fundación *No Child Left Behind* (NCLB, Que Ningún Niño Se Quede Atrás). Ha creado y presentado muchos programas de matemáticas para padres, e incluso desarrolló un programa para enseñar a los padres cómo ayudar a sus hijos con las tareas, la lectura y la escritura. También ha coordinado el programa de la fundación NCLB en la escuela donde enseña y ha trabajado con los padres de familia en el Consejo Escolar Local (*Local School Council*).

Dana Arias creció en México, de madre norteamericana y padre mexicano, y sus habilidades bilingües y biculturales han sido gran parte de su éxito. Comprender ambas culturas, tanto la hispana como la norteamericana, ha sido una gran ventaja. Utiliza ese conocimiento que tiene de ambas culturas para ayudar a los padres a integrarse e incorporarse a su escuela multicultural.

Los padres de familia y estudiantes del vecindario de Roger Parks en Chicago donde la Sra. Arias actualmente enseña, representan sesenta países y hablan en cuarenta idiomas distintos en sus hogares. Ayudar a unir a tanta diversidad de culturas y personas no es tarea fácil. El Director del colegio le ha permitido crear su propio plan de estudios, para ayudar a unificar en un solo equipo a estudiantes, padres y maestros. El resultado de este trabajo es una serie de actividades simples y fáciles que los padres pueden desempeñar para conectarse con sus hijos y con su escuela.

La Sra. Arias se esfuerza para dar a los padres de familia una nueva forma de pensar y un nuevo enfoque hacia la relación que existe entre la casa y la escuela. En algunas ocasiones, los mejores resultados surgen de aquello que ha estado siempre frente a nosotros, y sin embargo estábamos muy ocupados para verlo. Las experiencias de su vida, tanto en lo personal como en lo profesional, le han permitido crear esta serie de cartas, únicas en su tipo, que han inspirado a muchos padres de familia de su escuela. Esta serie de cartas, la describen como líder e innovadora, motivada por el deseo de ayudar y facilitar las interacciones significativas entre estudiantes, padres y maestros, para sí ayudar a cada niño y niña a utilizar y alcanzar su más alto potencial.

Dana Arias ha seguido sus propios consejos con sus dos hijos adolescentes y su esposo — ¡y no fue algo fácil! Como ella misma dice en sus cartas, el cambio solo sucede cuando uno se esfuerza y trabaja por alcanzar lo más positivo.

CONSULTORÍA

En todo el mundo se ha dado un cambio en la educación. Las habilidades que deben dominar los aprendices del siglo XXI no son lineares. Nuestros estudiantes deben pensar creativamente, si quieren tener éxito. El pensamiento crítico y la habilidad de análisis, son necesarios para el éxito en cualquier área del futuro de nuestros estudiantes. Nuestro mundo en constante cambio, requiere pensadores y personas capaces de resolver problemas. Los padres están conscientes de esta necesidad, y la preocupación e interés en el futuro de sus hijos los hace buscar ayuda, como lo evidencía la gran cantidad de libros de educación, tanto para padres como para maestros, que se publican y venden año con año.

A lo largo y ancho del mundo, los padres buscan el consejo mágico que transforme a sus hijos en estudiantes exitosos. Dana Arias proporciona esta ayuda. Su consejo es atemporal, y proporciona lineamientos simples y fáciles para los padres de cualquier edad y nacionalidad. Sin importar en qué país o estado vivan, los padres se identifican con la necesidad de discutir y compartir ideas que enriquezcan a sus hijos. El reto está en saber cómo hacerlo.

Dana Arias enseña a los padres, cómo involucrar a sus hijos de una forma significativa, que ayudará a mejorar sus calificaciones. Más importante aún, lo que Dana les enseña a los padres, les permitirá a estos preparar a sus hijos para entrar a la fuerza laboral creciente y cada vez más especializada, como personas pensantes y capaces de solucionar problemas.

Dana es experta en la materia por experiencia —su pericia viene del amor que ha puesto al pasar tiempo con los niños. Sin embargo, sus conocimientos se basan en fuertes bases pedagógicas que ha aprendido a través de la observación y el estudio. Su interacción diaria con los padres, de una forma simple y amigable, le ha permitido ayudarles y guiarles durante doce años. Como consultora, su enfoque es fácil de seguir por los padres —sus lineamientos apoyan y nutren a los padres, mientras que al mismo tiempo proporciona pequeños consejos informativos con los cuales los padres pueden trabajar, al buscar ayudar a sus hijos.

Para recibir una consulta de 30 minutos con Dana Arias, favor de contactarla en: **danaarias@aprendiendoaensenar.com**

CONTRATE A DANA ARIAS PARA HABLAR EN SU PRÓXIMO EVENTO

Cuando se trata de contratar a un conferencista profesional para su próximo evento, piense en Dana Arias. Es una persona honesta y directa que habla desde el corazón, por lo cual usted verá que motiva al público a entrar en acción. Esto lo hace, a través de historias reales del salón de clases y de experiencias en su vida privada, como maestra y madre. Ha sabido compartir con éxito estas experiencias con cientos de padres de familia durante sus muchos años en la enseñanza.

Después de años de dialogar con los padres y escuchar sus preguntas, Dana Arias se concentró en las cuestiones que se encontraban detrás de esas preguntas. Llegó a entender estos asuntos y comenzó a responder las preguntas a través de una serie de cartas amorosas y comprensivas, las cuales compartió en muchas de las conferencias con padres de familia de la fundación *No Child Left Behind* (Que Ningún Niño Se Quede Atrás), en festivales del día de las madres y en otras presentaciones de su escuela. Los padres de familia respondían pidiendo más. Y ella, a su vez, les respondía creando talleres y presentaciones en la escuela.

Ahora es momento de que comparta su conocimiento con una audiencia mayor. Los padres de familia en todas partes quieren saber qué es lo mejor para sus niños. Los maestros quieren saber qué es lo mejor para sus estudiantes. Padres y maestros gritan "¡necesitamos ayuda!" Dana Arias proporciona las herramientas para que padres y maestros trabajen en equipo, creando estudiantes fuertes y fortaleciendo la interacción en la familia.

Para contactar a Dana Arias y concertar una presentación,
visite su sitio en internet: **www.aprendiendoaensenar.com**

O envíe un correo electrónico a:

danaarias@aprendiendoaensenar.com